高校辅导员工作与思想政治教育融合研究

刘海英　崔艳荣　著

北京燕山出版社

图书在版编目（CIP）数据

高校辅导员工作与思想政治教育融合研究 / 刘海英，崔艳荣著．-- 北京：北京燕山出版社，2024. 5.

ISBN 978-7-5402-7287-6

Ⅰ．G645.1；G641

中国国家版本馆 CIP 数据核字第 2024NX2166 号

高校辅导员工作与思想政治教育融合研究

著者：刘海英　崔艳荣

责任编辑：战文婧　温天丽

封面设计：张秋艳

出版发行：北京燕山出版社有限公司

社址：北京市西城区椿树街道琉璃厂西街 20 号

邮编：100052

电话：86-10-65240430（总编室）

印刷：天津和萱印刷有限公司

成品尺寸：170 mm × 240 mm

字数：160 千字

印张：8.75

版别：2025 年 5 月第 1 版

印次：2025 年 5 月第 1 次印刷

ISBN：978-7-5402-7287-6

定价：52.00 元

作者简介

刘海英，女，毕业于电子科技大学国际政治专业，研究生学历，法学硕士。现为河北师范大学附属民族学院思想政治理论课教师，讲师，主要研究大学生思想政治教育、民族教育。发表核心论文5篇，主持和参与西藏自治区教育厅、河北省教育厅及河北省教育科学研究院的多项课题研究。

崔艳荣，女，毕业于北京体育大学运动训练专业，本科学历。现为河北师范大学附属民族学院任专职辅导员，主要研究体育教学、学生管理、学生思想政治教育，发表多篇相关论文，参与多项科研课题。

前　言

随着高校教育的逐步发展与社会需求的不断变化，高校辅导员已成为承担学生思想政治教育和职业生涯发展指导职责的重要角色。近年来，人们对高校辅导员的要求不断提高，他们需要掌握心理咨询、职业规划等多个领域的知识，为学生提供更加全面的服务。同时，高校辅导员还需要积极参与校园文化建设，组织各种形式的活动，让学生参与其中，不断提高学生的文化素养和思想品德。

虽然大学生辅导和思想政治教育是两个不同的领域，但是在现实工作中，它们却是相互关联、相互融合、作用机理内在耦合的。高校辅导员在日常工作中，往往会开展各种形式的思想政治教育活动。然而，一些高校辅导员可能在思想政治教育方面缺乏专业知识和技能，这种现象容易导致教育质量下降。因此，高校辅导员需要不断提高自身的思想政治教育水平，通过参加培训、交流等方式，不断拓宽自己的视野，提高专业素养和技能水平。

2022 年，教育部等十部门印发了《全面推进“大思政课”建设的工作方案》，提出“积极整合思政课教师和辅导员队伍”。高校辅导员工作与思想政治教育的融合是一个烦琐而又需要耐心的过程。高校辅导员需要不断提升自己的职业水平，做到专业素养和情感理解的统一；学生也需要参与到思想政治教育中，主动学习，不断提高个人思想素质。只有将高校辅导员工作和思想政治教育不断协调与融合，才能保证学生全方位地发展，为国家和社会的进步做出贡献。

全书共六章。第一章为绪论，主要阐述了高校思想政治教育的概念及演进、高校思想政治教育的重要意义、高校思想政治教育中的师生角色；第二章为高校思想政治教育工作的影响因素及形势变化，主要阐述了高校思想政治教育工作的影响内因、高校思想政治教育工作的影响外因；第三章为高校辅导员的工作内容及现状，主要阐述了高校辅导员工作的主要内容和高校专职辅导员队伍的建设现状；第四章为高校辅导员核心职业能力体系，主要阐述了高校辅导员核心职业能力结构，高校辅导员的政治引领能力、思想引导能力，高校辅导员的教育感化能力；第五章为高校辅导员工作与思想政治教育的关系，主要阐述了高校辅导员的思想政治教育作用、高校辅导员思想政治教育的功能、高校辅导员思想政治教育工作创新思考；第六章为高校辅导员思想政治建设策略，主要阐述了高校辅导员思想政治建设的重要意义、高校辅导员思想政治建设的具体路径、高校辅导员思想政治建设的发展方向。

刘海英为思想政治理论课一线教师，崔艳荣为专职辅导员，经常面对同一批、相同班级的学生，既有工作内容的延展，又有不同工作的相互交叉，更有工作间的相互融通。这些延展、交叉和融通的思想政治工作表明思政课教师与辅导员角色定位各有侧重、工作内容各有不同、育人路径各有侧重，但两者的重要地位、目标指向、育人作用始终一样。二者在高校的思想政治工作中均处于重要地位，是“中坚力量”和“骨干力量”，发挥着不可替代的作用。此书的框架和目录由刘海英和崔艳荣共同商议完成。其中第一、二、五章由刘海英完成，共 8 万余字，第三、四、六章由崔艳荣完成，共 8 万余字，本书共计 16 万余字，最后由刘海英统稿。本书得到了笔者家人和朋友的大力支持，在此一并表示感谢。

在撰写本书的过程中，笔者借鉴了国内很多专家和学者相关的研究成果，参阅了大量报纸和网站资料，在此对相关学者、专家表示诚挚的感谢。

由于笔者水平有限，书中有一些内容还有待进一步研究和论证，在此恳切地希望各位同行专家和读者朋友予以斧正。

目　　录

第一章　绪论

高校思想政治教育承担着培养时代新人和接班人的重任，必须遵循思想政治教育的一般规律和特点。高校思想政治教育工作是一项影响大学生价值观正确与否的重要工作，其重要性不言而喻，其特殊性在于教育者主要是但不限于高校承担思想政治教育工作的教师，还包括辅导员。辅导员成为工作中的重要一环，发挥着高校思政工作主力军的作用。

高校思想政治教育遵循思想政治教育的一般规律。其受教对象主要为在校大学生。

第一节　高校思想政治教育的概念及演进

一、思想政治教育的概念及演进

（一）思想政治教育的概念

思想政治教育是统治阶级为了其成员形成有利于自己统治的思想道德修养，对其成员进行有目的和有计划的影响，使其按照一定的社会要求进行实践活动。其根本性质是主流意识形态的主导与灌输，是反映统治阶级的精神生产、主导思想、政治立场和政治态度的重要途径。在任何国家，统治阶级都非常重视人们的思想和思想教育领域的工作，为了保持和巩固自己的领导地位，都不遗余力地向教育对象灌输本阶级的意识形态，努力使教育对象具有符合统治阶级需要的思想和行为，以便使其更好地参与到社会经济建设中。思想政治教育行为是教育主体通过有目的、有计划、有组织地向教育客体进行意识形态的教化和思想政治的引领，使其自觉接受主流意识形态的价值要求，纠正错误的思想认识和实践行为，形成正确的观念态度和行为规范，并通过发挥思想政治教育对社会实践的反作用，推动个体正向发展和社会全面进步。为了最大限度地实现这一目标，教育主体要最大限度地激发思想政治教育各要素的作用、最大限度地发挥思想政治教育诸要素的功能，将教育内容传递给教育客体，使教育客体与教育主体在认知层面形成共识，在情感层面取得共鸣，在思维层面产生共振，在行为层面做到共行，最终促使教育客体形成正确的思想观念，提升自身的道德素质，产生积极的实践行为。

思想政治教育不仅中国有，外国也有，只不过不同国家对它的称谓有所不同。事实证明，在每一个历史发展阶段，思想政治教育发挥过巨大作用。思想政治教育这一概念的雏形实际是“宣传工作”，最早由马克思、恩格斯提出。而在我国宣传工作主要指的是党对群众宣传党章和思想路线等，中华人民共和国成立前主要使用“政治工作”这一概念。中华人民共和国成立后，除军队中仍然统一使用“政治工作”之外，其他部门或机构中“政治工作”“思想工作”“思想政治工作”“政治思想工作”等可以替换使用。1960 ～ 1978，“政治思想工作”成为统一的提法。党的十一届三中全会后，“思想政治工作”“思想政治教育”成为新时期统一的正规用法，并一直使用至今。

（二）我国思想政治教育的演进

我国思想政治教育的文化生成轨迹反映着我国社会的发展道路，蕴含着中华文化中的积极成果，呈现着中华文明生成发展的历史轨迹。

1. 思想政治教育的历史传统

从马克思主义文化观的角度看，思想政治教育本身就是一种文化形式，因此我们本无须使用“思想政治教育文化”的概念。但为了避免歧义，需要以这一概念来表明本部分所要阐释的是思想政治教育在文化意义上，即在其实践“样法”的意义上所积淀的历史传统。文明起源方式内在奠定了思想政治教育文化道路的起步模式与发展路向。阶级产生途径的差异和财富积累与集中方式的不同使得世界各地早期文明具有各自的个性特征。中华文明起源于农耕文明，我国思想政治教育的文化传统是在小农经济的生产方式和以宗法制为核心的家国同构的社会格局的基础上形成的。我国的思想政治教育活动发源于夏朝。夏朝的土地为君王所有，耕作制度是原始的共耕制，也即井田制的前身。该制度将土地分为六个方格，其中五个方格由五户人家各自耕作，剩下的一个方格由这五户人家共同耕作并向奴隶主缴纳赋税。通过对夏朝的文明起源、经济形式和社会组织形式进行分析，可以知道，中华文明在形成之时，就为我国传统社会的思想政治教育奠定了以家庭伦理为内核的社会关系模式尺度、先公后私的集体主义价值取向、克勤克俭的务实处世作风和相对保守独立的文化发展模式。从奴隶社会到封建社会，我国数千年来的思想政治教育活动传承着由传统农耕文明所奠基的文化传统，它以与生产力低的农耕文明相适应的文化形式调整着人们的社会关系与思想行为取向；以宗教、迷信的方式强化人们对王权的尊崇；通过对宗法式伦理观念的理论演绎培养人们对等级制度的遵从。夏商两代都出现了相对自觉的造神、敬神活动，统治者注重王权和神权的结合，以占卜、祭祀等方式深化自己的权威，借上帝、鬼神之说宣扬天命观，并且已经发展出了强调尊卑等级的伦理观念与礼仪规定。在延续两千多年的封建社会中，君臣、父子、夫妇、兄弟、朋友五伦构成了中国传统的社会关系体系，处理五伦关系要遵循三纲五常的礼制规范。

综上，中国古代思想政治教育的文化传统缘起于农耕文明，形成了与小农经济生产方式和家国同构社会格局相适应的宗教迷信、伦理观念、宗法礼制等文化形式，并且几乎未曾发生过异质性的文化变迁，得以延续数千年之久，具有强大的文化惯性。

2. 思想政治教育的历史转型

首先，近代以来，我国的思想政治教育伴随着救亡图存的社会实践探索发生文化转型。第一次鸦片战争后，我国开始沦为半殖民地半封建社会，社会中的阶级关系、主要矛盾都随之发生变化。中西方的发展差距和西方商品大量进入中国激发了国人振兴制造业和商业的意识。社会中的主要生产方式和经济观念开始从重农抑商转向工商皆本。与此同时，在西方列强入侵和清政府腐朽统治的内忧外患下，出现了洋务运动、维新运动、义和团运动、新文化运动等一系列从器物到制度文化的社会实践探索与思想解放运动。近代社会发展的探索转型期也是我国思想政治教育的文化适应选择期。在这一阶段，我国的思想政治教育正面临着艰难的文化选择，旧传统积重难返，而各式新文化主张不断交锋，人们迫切希望找到一条切合中国实际，能够实现中国救亡图存、发展复兴的文化道路。

其次，直到十月革命和五四运动相继爆发，我国才真正找到一条适合本国国情、本土环境的发展道路，思想政治教育文化的现代化进程才正式起步。俄国十月革命的成功使中国的先进分子看到了马克思主义在同为经济落后、积重难返的另一个国家——俄国所取得的胜利，彰显了科学真理性。这使我国爱国之士意识到将马克思主义理论应用于本国的现实可行性与文化适应性，为在中国的现代化道路和马克思主义理论之间建立起内在本质联系埋下了伏笔，也为我国思想政治教育文化的现代化转型埋下了伏笔。而我国的思想政治教育之所以能够在马克思主义的指导下实现转型，在更深刻的文化层面，是因为马克思主义理论与我国千百年来的传统思想政治教育文化内核——儒家思想，具有文化间的汇通性。而五四运动则进一步加深了马克思主义与中国的文化机缘，扩大了我国马克思主义者的阵营，使无产阶级登上了历史舞台，为中国共产党的成立做好了思想准备。

3. 思想政治教育的现代化进程

我国思想政治教育现代化的文化轨迹，是在我国百年奋斗的实践探索中，不断创新发展着马克思主义这一与中国现代化进程具有本质联系的、内在契合的指导思想，批判继承我国传统的文化的基础上塑造的；是在不断解放思想、实事求是、与时俱进的创新发展中积淀而生的；是与将马克思主义中国化、对传统文化的批判性继承统一于中国现代化的历史进程同向而行的。

中华民族走到今天，过往取得的历史成就证明中国式现代化是实现现代化的可行途径，中国特色社会主义的文化道路是与我国的国情相适应的，是与我国先进生产力的发展要求相适应的，是与我国人民对美好生活的期待相适应的。思想政治教育必将延续中国特色社会主义道路、理论、制度、文化发展的前进方向，在马克思主义的指导下，脚踏中华大地，传承中华文明，汲取传统资源，构筑好中国精神、中国价值、中国力量，为实现中华民族的伟大复兴提供意识形态的引导和源源不断的精神动力。

二、高校思想政治教育的概念及演进

我国高校思想政治教育的概念历经几次演变发展到目前的状态，并随着社会的发展而继续发展。

（一）高校思想政治教育的概念

高校思想政治教育是指授课教师、辅导员、思想政治教育工作者等教育者遵循大学生思想政治教育规律、社会主义意识形态建设规律以及大学生成长发展规律，以“立德树人”为使命任务，对大学生进行意识形态教化和思想政治引领，使其感受认同以马克思主义为核心的社会主义意识形态并内化升华为个人信仰，外化为行为规范，成长为敢于为中国式现代化贡献智慧和力量的生力军。它的重点是教育者运用适合大学生接受习惯和接受水平的教育方法，将主流意识形态内化到大学生的心灵深处，外化为大学生一以贯之的行为。因此，对大学生进行思想政治教育，使主流意识形态入其耳、入其脑、入其心，成为个人价值观的重要组成部分；引领大学生的人生追求与实现中华民族伟大复兴在同一实践方向，使大学生与党和国家的发展需要同向而行。

在高等教育中，思想政治教育是其中的一个部分，其发展是随着历史的演变而变化的。在每个历史阶段，统治阶级都会对受教育者灌输适应国家发展的思想政治教育内容，使之思想和行为达到与国家的统一。作为后备人才的大学生肩负着民族的未来，担负着国家事业建设和发展的重任，从哪个方面来说都是最为重要的人才资源。因此，尽管各个国家有不同的社会制度、不同的历史文化传统，但都把大学生作为重点培养对象。之所以每个国家的领导人都特别重视培养大学生的思想政治素质，是因为他们深知大学生在国家发展过程中起着举足轻重的作用。教育者可以将全媒体的传播优势转化为高校思想政治教育的效能优势。在此过程中，更加多元的教育主体参与其中，依托立体多维的教育环境，充分挖掘各类教育内容，高效运用多种教学方法，以各种教育载体为抓手，引导大学生在学思践悟中积累扎实的理论学识、锻造坚定的理想信念、铸就高尚的道德品格，以行动践行责任担当。

（二）我国高校思想政治教育的演进

我国高校思想政治教育的演进经历了新民主主义革命时期、社会主义革命与建设时期、改革开放至党的十八大期间、党的十八大至今四个时期。

1. 新民主主义革命时期

在新民主主义革命时期，我国高校致力于培育一批忠于革命事业、敢于为革命事业奋斗终生的青年学生。为实现民族独立和人民解放，首先掌握了新理论的知识分子将思想政治工作的重心放在革命根据地的新型学校和国民党统治区的大学上。这一时期致力于学生革命理论的培育，以基础理论讲授为主，辅以其他途径，如举行讲演活动时邀请社会各界的知名学者、各领域的专家参加，针对特定政治主题进行讨论交流，印发学术刊物，组织开展多种文娱活动等。1923 年，中国共产党第三次全国代表大会明确要求对大学生进行马克思列宁主义理论灌输，最大限度地动员大学生参加反对帝国主义和军阀的斗争。可见，坚持并践行马克思主义灌输理论对革命事业意义重大。即使处在抗日战争时期，教育环境不容乐观，灌输理论也没有停止它在意识形态工作方面发挥作用。高校思想政治教育始终围绕特定时期所面临的主要任务和主要课题，体现了某一发展阶段思想政治教育理论灌输的基本特点。在这一时期，从内容上看，灌输理论的实施受外部环境和历史使命的影响。这一时期的灌输理论与革命实践相结合，调动了学生的革命热情、培养了学生的革命意识、激发了学生的家国情怀，比较好地完成了这一时期的工作任务。

2. 社会主义革命与建设时期

社会主义革命事业的开展急需大批忠于民族事业且拥有科技生产能力的高素质人才。1949 年，党中央明确指出深入开展理论学习是课程改革创新的核心和关键，使得思想政治课在大学的地位得以确立。培育具有马克思主义立场、为人民服务的人才成为这一时期高校的价值取向。从灌输目的来看，主要通过培养大学生形成阶级意识和情感来达到巩固新生人民民主专政政权的目的。就灌输主体而言，这一时期的师资队伍数量不足，质量也不高，缺少教学骨干。这一时期特别增加设立了马克思列宁主义研习班，对其中的成员进行集体统一培训，系统学习马克思主义理论，为高校政治理论课培养师资等后备力量。就灌输方法而言，在社会主义革命时期，主要采用课堂教学、宣传重大政策的灌输理论，辅助社会实践等方式。社会主义建设时期，高校中灌输理论的运用呈现出发展与挫折并存的情况。在教育者方面，中华人民共和国成立初期虽然已经培养了一批灌输主体队伍，但任务仍然十分艰巨。在灌输方法上，主要涉及课堂讲授、专题宣传、举行大辩论大讨论、组织开展社会实践教育等方法。这些方法普遍体现了灌输内容与实际生产活动相结合、为无产阶级利益服务的特点。通过一系列的灌输活动培养了大学生的集体主义价值观，激发了教育对象的大无畏奉献精神，对于在当时条件下巩固无产阶级专政、坚持社会主义方向意义重大。

3. 改革开放至党的十八大期间

1978 年 12 月，党的十一届三中全会顺利召开。此次大会的召开是我国进入改革开放和社会主义现代化建设时期的重要标志，也意味着此时思想政治教育工作所面临的历史环境也随之发生巨变，其时代特点也在大学生思想政治教育中体现了出来。在这一阶段，大学生思想政治教育的目标层次分明，包括基本目标和先进性目标。经过多年的努力，高校思想政治工作从“以阶级斗争为纲”这一主线转为为新时期中心工作服务，遵循“以人为本”的办学宗旨，进行一系列教改和学科建设，增强了高校思想政治工作的科学性，随之体现我国大学生思想政治工作的成就逐渐显现出来。激情、理性、务实的精神状态体现在我国发生的各项大小事件中，大学生饱满的精神状态都得以充分彰显。从培养目的来看，这一时期更加注重培养全面发展的人，在制定翔实的教育目标时，要充分考虑教育对象道德水平发展的不平衡性、成长环境导致的个体差异性，充分尊重教育对象的主体地位。从培养内容来看，这一时期，学校根据时代特点增加了思想品德课这一课程，完善了高校进行理论教育活动的内容课程体系。从教育主体来看，为满足这一时期的实际需求，大学开始组建一支有信仰、敢担当、有丰富实际教学经验，同时具备必需的科研水平、人文社科理论、自然科学基础的教师队伍。在教育方法上，还是以传统课程传播讲授为主，还包括传播榜样人物的先进事例，对学生进行面对面谈心教育、党政方针政策的宣传教育等方法。这一历史阶段最大的特点就是结合社会实际有针对性地对学生开展各项主题教育。

4. 党的十八大至今

党的十八大以来，高校思想政治教育比以往更加得到重视，被赋予了更多新的使命。党和国家对高校思想政治教育工作高度重视，多次强调高校作为意识形态工作的前沿阵地的重要性。从教育目的来看，这一时期高校就是要培养一批为人民服务，能担当民族复兴大任，具有大格局、大胸怀的时代新人。这一时期国家有关部门制定了诸多政策文件，对高校思想政治工作进行了统筹谋划、总体部署、协调安排。在内容方面，党和国家在对历史方位进行准确把握的基础上，锐意进取，再谱华章，从崭新的视角提出了一系列新理念、新论断、新思想，形成了具有鲜明中国特色的教育理论体系。从教育主体来看，这一时期致力于培育一批有坚定社会主义信仰、深厚理论基础，且博学多识的教师队伍。2019 年习近平总书记在学校思想政治理论课教师座谈会上，对新时代思政课教师应具备的基本素养进行了高度凝练，对新时代思想政治教育工作者提出了明确的要求。实践证明，马克思主义灌输理论在不同历史时期在高校的运用呈现出不同的特点、不同的方法，但是都发挥了重要作用，对主流意识形态的坚守和大学生政治素养的培育意义重大。

第二节　高校思想政治教育的重要意义

一、有利于构建“三全育人”的培养格局

“三全育人”是指全员育人、全程育人、全方位育人。“三全育人”中的“全”所涵盖的范围十分广泛，包含参与人员，发生时间，跨度空间，内容上无缺失、无死角、无偏差，携手同心同行、协同合作，形成联动一体化机制，凝聚思想政治教育合力。其中“全员育人”是指育人的职责不局限于思政课教师，要求高校

所有教师共同承担起育人的使命与职责。高校所有教职工、各职能部门的管理人员都应结合自身职责参与到育人工作中，与其他部门进行优势互补，与所有教师相互协作、各司其职，联合搭建共同育人合作队伍，规划联动机制，保证全员育人的可执行性。“全程育人”是从思想政治教育的持续性、连续性和阶段性出发，在对学生进行教育的过程中，针对不同时期、不同阶段的课程安排来分配学习任务，依照学习要求来制订计划、完成学习目标，并在其中融入思想政治教育活动，贯穿课程的始终。“全方位育人”是指课堂教育只是育人途径之一，实现育人目标要多元化、多角度地利用其他教学模式，一定要在思想上明确认识到育人职责不单单是思想政治理论课所要承担与肩负的，其他学科课程必须充分履行自身的育人职责，努力达到理论与实践、课内与课外、线上与线下协同育人。

思想政治教育的开展贯穿教育教学全过程，使育人环节具有连贯性。对高校学生的思想政治教育要落实到人才培养的各个环节，并伴随学生成长成才的全过程。新时代的学生不仅要学习丰富的文化知识，而且要全面发展，高校要抓住这一育人理念，依据各专业学生的成长规律、学习特点、专业特点，结合思想政治教育工作，实施学生人才培养计划，对处于不同阶段的学生分类实施思想政治教育，制订涵盖专业领域选择、入学基础培训、研究培养计划、专业课程学习、科研技术实践、论文构思撰写、职业规划建设、升学或毕业离校等全领域、全流程的思想政治教育工作方案，着重全面覆盖无缝衔接的教育过程。

从思想政治教育概念的提出，到“三全育人”理念的形成，再到“思想政治教育”建设的确立，正是我们党的一个持续加强高校思想政治工作的过程，是一个探索如何构建高校思想政治教育工作体系的过程，是一个努力回答“怎么培养人”这个问题的过程。发展脉络已经厘清，重大意义更加彰显。

二、有利于提升“立德树人”的现实效能

思想政治教育不同类别的课程在其知识传授和能力培养方面都各具优势，从价值引领上看，虽然融入思想政治教育的方式、过程有所不同，但最终都指向实现“立德树人”的教育目标。“育德”先于“育人”，传道授业解惑是学校的基本功能，在育才的同时育人也是学校教育的重要目的，培养学生良好的道德品质一直是我国教育的优良传统。我们党和国家历来对学校思想政治工作和德育工作给予高度重视，不断在教育领域进行探索创新，结合时代背景形成了一套符合学生成长规律的教育原则和方针，为育人问题提供了基本的工作遵循。思想政治教育始终坚持以德立学、以德修身、以德施教，侧重对中华优秀传统文化的传承和

创新，对学生个人世界观、人生观、价值观的正向教育更为关注，同时也积极引导青年学生建立起正确的国家观、民族观、历史观、文化观，接受更多宏观教育，由内而外发展为全面型人才，从而更有能力肩负起时代赋予青年一代的历史使命。

在教学工作中，教师应坚守严谨的教育精神，将专业教育和思想政治教育深度融合，确保学生形成对专业的正确认识和理解，解决学生在专业领域方面的困扰，使学生能够目标明确，树立崇高的职业理想，引导学生主动到国家最需要的地方建功立业。教师以“立德树人”为根本任务，用自己的人格感染学生，用自己的才华指引学生，在帮助学生的同时，也在促进着自己的进步和发展，这就是教师在思想政治教育建设中发挥的“树人”作用，更是提升“立德树人”现实效能的关键力量。

由此可见，思想政治教育符合教育发展的目标和规律，对提升“立德树人”的现实效能起到强大的推动作用。

三、有利于承载“时代新人”的培育责任

国家发展靠青年，民族振兴靠青年。新一代青年人在时代背景下都有自己的机缘和际遇，他们都在用自己的实际行动和能力担当来谋划人生、创造历史。青年时期是坚定理想信念、树立正确价值观的关键可塑期。思想政治教育的开展应结合各高校的实际情况，面对以“立德树人”为根本任务的思政大环境，对培养“时代新人”的责任做出现实回应。思想政治教育培育“时代新人”的爱国情怀。青年人的宝贵在于其富有梦想、充满朝气。迈向新时代以来，我国青年始终怀抱着振兴中华的美好理想而不懈奋斗，将学习专业知识与崇高理想信念紧密相连。革命战争年代的青年有理想、有愿景，对民族独立、人民解放满怀希望，甘愿为心中之理想信念抛洒热血。在社会主义革命和建设时期，青年依旧不畏困苦，积极响应党和国家的号召，一往无前建设国家，在中华人民共和国的广袤天地中艰苦创业、辛勤劳动。在改革开放阶段，广大青年更是团结奋进，发出振兴中华的时代强音，并为国家繁荣昌盛不懈奋斗。青年一代在新时代的培育下必将大有可为，国内外大环境逐步向好也会使青年大有作为。“长江后浪推前浪”符合自然规律，也符合历史规律；“一代更比一代强”是对青年的期许，更是青年所要肩负的青春责任。在思想政治教育中培育时代新人的爱国情怀，既要立足于民族，又要面向世界，爱国主义精神要始终牢牢扎根于时代新人的精神中、头脑中，这也是党和国家对社会主义建设者和接班人的具体要求。

四、有利于高校思想政治教育制度的建立

高校思想政治教育制度具有广义和狭义之分。广义的高校思想政治教育制度是党和国家要加强对我国高校思想政治工作的全面领导而颁布的一系列制度性文件，具体涉及法律、行政法规、行政规章和规范性文件等。狭义的高校思想政治教育制度是各个高校根据国家颁布的系列制度性文件并结合本校实际而制定的一系列规则和政策性文件，体现在组织、管理、责任、评估等方面。

高校思想政治教育制度的建立可以使教育主体与教育客体之间的信息获取对等。随着网络技术的深度发展和广泛应用，高校大学生作为网络用户能够熟练运用互联网获取所需的各种信息，但是大学生所接收的各类信息层出不穷，各种思想文化日趋多元复杂，深刻影响着他们的价值判断、价值认同和价值行为，导致部分大学生对思想政治教育缺乏正确认识。相比之下，作为思想政治教育另一端的多数教育主体在利用网络获取信息时，做不到紧跟时代步伐，导致与大学生的信息获取不对等，教育主体的优势地位被削弱，加之各个教育主体的认识程度、工作能力、政治素养存在较大差异，导致育人功效大打折扣。建构起一套行之有效的思想政治教育工作制度是解决这一矛盾最好的策略，一方面可以掌握学生的最新动态，及时教育规范大学生的思想；另一方面可以督促教育者与时俱进，更新教学模式，扩展教学广度与深度。

高校思想政治教育制度的建立是社会发展的必然结果。伴随社会的进步、时代的发展，其制度研究逐渐引起了关注。

改革开放以来思想政治教育制度建设大致经历了恢复发展（1978 ～ 1989）、稳步发展（1989 ～ 2002）、快速发展（2002 ～ 2012）和创新发展（2012 至今）四个阶段。如今思想政治教育工作由最初的不成体系逐渐走向了制度化规范化，所面临的宏观环境更加优化，迎来了创新发展阶段。这一时期思想政治教育制度建设就是围绕立德树人根本目标，将国家相继出台的一系列重大决策文件贯彻落实到思想政治教育中，使其起到了应有的作用。

思想政治教育制度是保障思想政治教育良性运行的有效形式。高校思想政治教育工作的基础性和决定性作用决定了这项工作的系统性和复杂性，既有国家层面的顶层设计，又有省属层面的顶层设计，更有由高校内部的顶层设计，要保障各个层面顶层设计的良性运行必须形成制度，这就决定了这项工作必须形成体系，最后形成制度。思想政治教育制度是保障思想政治教育良性运行的有效形式。

第三节　高校思想政治教育中的师生角色

一、高校辅导员

（一）高校辅导员的角色定义

将“辅导”一词拆分来看，“辅”即辅助、辅佐之意，“导”即引导、指导、向导之意，可见高校辅导员扮演着辅助者、指导者的角色。辅导员为高校里的学生服务，是献身高校思想政治工作的先锋。众所周知，大学有教师队伍与管理队伍，而高校辅导员恰恰是穿插于这两个队伍之间的重要力量，兼具教师和管理者的双重身份，是大学校园里广泛存在、不可或缺的人员。2017 年，教育部在《普通高等学校辅导员队伍建设规定》中对辅导员的身份角色作出了准确定位：辅导员是开展高校思想政治教育工作的骨干力量，是高校学生日常思想政治教育和管理工作的组织者、实施者、指导者。在高校极力倡导学生自我教育、自我管理、自我服务的背景下，辅导员一如既往地扮演着大学生思想政治教育工作者、学业督导者、心理问题疏导者、日常事务管理者、职业生涯规划者的重要角色。

（二）高校辅导员的角色定位

1. 在日常教育中的基本角色定位

2004 年中共中央国务院发出的《关于进一步加强和改进大学生思想政治教育的意见》将“政治辅导员”称谓正式改为“辅导员”。名称上去掉了“政治”二字，充分说明辅导员的角色内涵得到了丰富和扩充，但加强政治引领依然是辅导员以思想政治教育为核心的工作内容，同时在学习、生活等方面引导学生，注重方法、解答疑惑、释怀心灵，培养德、智、体、美、劳全面发展的 21 世纪大学生。辅导员应当努力成为大学生成长成才的人生导师和健康生活的知心朋友。高校要将辅导员队伍建设作为教师队伍和管理队伍建设的重要内容。

进入 21 世纪后国家经济迅猛发展，辅导员队伍建设也逐渐发展和完善。伴随着经济发展，国家对思想政治教育更加重视，从政策层面逐步丰富了辅导员角色定位的内涵。思想政治教育一直是辅导员的核心工作内容，辅导员围绕思想政治教育开展其他相关工作。辅导员既要了解学生的特征，关注学生的兴趣和爱好；又要贴近学生，关注学生的日常生活、学习；还要主动关心学生，解决他们的所思所惑。辅导员队伍建设越来越被重视，辅导员角色期待越来越强。政策的完善是一步一步推进队伍建设的保障，能够保证辅导员开展工作有条件、有平台、有空间。教育、管理两大工作职能凸显，育人贯穿始终，辅导员立足于思想政治教育工作，工作中处处体现育人内涵。

（1）政治思想领航者

大学生的思想是在不断完善与发展的，因此在其思想逐渐形成的过程中很容易受到外界的影响。高校辅导员是联系学生和教师的桥梁，其工作重点是思想政治教育工作。在与学生的沟通交流中，高校辅导员要帮他们树立正确的世界观、人生观与价值观，使学生在面对众多诱惑时可以坚守自己的原则。思想政治教育工作涉及的范围广，因此高校辅导员工作系统且琐碎。高校辅导员应以马克思列宁主义理论为指导，针对大学生进行价值观教育，帮助学生以科学的思维认识到出现问题的原因。高校辅导员还应引导学生树立社会主义核心价值观，正确了解世界、认识世界。正确人生观的指引可以帮助学生树立符合实际的理想与信念，指导学生按照自己的理想不断进取，立足于实际，投身于社会实践中，并发现人生的意义。在正确观念的指引之下，学生有充足的动力去实现自己的梦想，以积极向上的态度应对挑战，实现自我价值和社会价值的统一。一方面，辅导员要引导学生领会习近平总书记重要讲话精神与治国理政新理念、新思想、新战略，帮助学生坚定“四个自信”（中国特色社会主义道路自信、理论自信、制度自信、文化自信），树立科学的三观；要坚定不移地推进爱国主义教育，进行民族精神培育，增强大学生的文化归属感和政治归属感，引导学生居安思危，时刻不忘爱党、爱国、爱校；要在日常管理中持续推动诸如社会公德、职业道德、家庭美德、诚实守信等公民道德教育，并使学生在实践中深化，在日积月累中内化。另一方面，辅导员要重视网络思想政治教育，以新的理念面对新的时代。利用新媒体技术创建网络平台，将信息媒介的优势注入思政课堂中，抢占网络思政的主阵地，变枯燥乏味为新颖有趣，在融合与创新中推进学生思想政治教育；变革传统的工作路径与方法，通过“两微一端”（微博、微信及新闻客户端），深化与学生的互动交流，在潜移默化中传递正能量、弘扬主旋律。

（2）日常事务管理者

高校辅导员的日常管理工作包括卫生管理、学生骨干培养、班级管理。对于卫生管理方面的工作，辅导员可以设置专门的值日表让学生轮流打扫卫生，保证教室的干净卫生，协调好学生之间的工作。采用一定的奖惩措施，如采用加减平时成绩的方式，对于打扫干净的学生予以表扬并进行加分，让学生有动力打扫卫生。营造卫生的学习环境，使学生可以静心学习。同时，辅导员要对学生的宿舍位置以及宿舍人员等进行基本的了解，保证在进行日常生活调查时进展顺利。在宿舍情况调查中，主要涉及宿舍卫生、舍友之间的关系、学生的日常生活作息、违规电器的使用情况等，与存在不良行为的学生进行谈话，及时纠正不良风气，营造积极向上的文化氛围。对班级成员的信息进行搜集时，辅导员需要结合学生的学习与生活两方面，在满足日常管理需要的同时，更好地了解所带学生。为了提高办事效率，辅导员可以培养学生骨干辅助自己完成工作，这样不仅可以切实了解班级学生的发展情况，而且有助于提高学生骨干的能力。

日常事务管理贯穿辅导员岗位职责的方方面面，是辅导员工作的重中之重。一要开展党团班级建设，合理引导、培养、激励优秀学生，遴选骨干力量，帮扶后进学生；二要推进学风建设，鼓励学生知行合一，认真投入所学专业，积极投身课外实践活动；三要沉着应对校园危机事件，事前预案、事中应急、事后总结；四要做好职业规划与就业创业指导工作，引导学生树立正确的就业观，规避金钱至上，要应祖国所需，建设美好家园。此外，辅导员还承担着开展新生入学教育、军事训练、毕业生教育，组织奖学金、助学金、勤工俭学、助学贷款、困难补助评定等日常事务的职责。

（3）心理健康辅导者

大学生的心理承受能力较差，且在校期间面临的环境也与以往不同，每个人的性格差异使学生在人际交往和社会生活中出现不同程度的心理健康问题。因此，辅导员对大学生进行心理健康辅导是关键。心理健康辅导能够让学生抛弃原有的不正确想法与消极情绪，培养乐观向上的生活态度。辅导员应对学生进行必要的心理测试，了解学生已有的心理问题，结合学生的行为动机，对他们进行正确的引导，以动态的方式追踪学生的心理情况，对于学生出现的不良问题及时予以矫正，避免对其产生不利影响。辅导员还要对学生进行心理咨询与指导。辅导员应与学生积极沟通，从客观的角度评判学生的行为，在尊重学生的基础上提出对策性的建议。

定期与学生谈心谈话，知学生所想，援学生所难，解学生所困；定期开展心理健康普及教育，进行学生心理健康问题排查，主动发现问题、解决问题；建立朋辈互助心理咨询辅导室，搭建“心理热线”“心灵驿站”等咨询服务平台，为有心理问题的学生提供及时有效的帮助。

（4）学习就业指导者

在大学里，辅导员是与学生接触交往最多的教师，对学生的成长有着潜移默化的影响，人生发展引导者理所当然成为辅导员的角色之一，这也是以人为本的教育理念对辅导员角色的客观要求。辅导员应具有高尚的品德修养和良好的行为作风，在学生的成长过程中要发挥榜样的作用。同时，辅导员应为学生制定科学的职业规划并为其实现高质量就业提供科学、系统、有针对性的指导，帮助学生正确评价自我、及时获取就业信息、有效拓宽就业渠道。辅导员要时刻关心学生生活，做到奖励对象是最优秀的学生、资助对象是最困难的学生，这需要辅导员多了解掌握学生的真实情况，公平公正，从而让学生认同认可。辅导员要指导学生做好职业规划，要根据学生的性格、类型指导他们规划好自己的职业发展方向，并开展个性化辅导工作、注重心理辅导，建立健全大学生诚信成长档案，有效地为学生提供职业规划服务。

辅导员应了解学生目前的学习水平，作为之后工作的具体依据。辅导员应以学生的实际能力为基础，结合创新的思维与想法，引导他们不断更新自己的思想，从而有能力应对未来工作中出现的各项挑战。

2. 在思想政治教育“立德树人”中的角色定位

辅导员作为“立德树人”的引领者，其重要性不言而喻。辅导员不仅担负着学生日常管理的基本任务，更是担起了新时代大学生思想政治教育的责任重担。“立德树人”本身具有的迫切性和实效性，要求辅导员不仅要摸清学生的成长规律与教育规律，更要借助新兴媒体（如微博、微信、短视频 APP 等）拉近与学生的距离，掌握学生的发展动态，真正担负起“立德树人”的使命。

（1）“立德树人”工作的组织者

高校辅导员应当承担起相关教育主体的组织工作，组织协调家庭、教师等教育主体，初步形成完整的教育网络，使得学生能够在具体的教育实践活动中感受到德育带来的一系列变化，并且将“立德树人”这一根本任务贯穿教育活动的始终。高校辅导员首先要进行显性组织，即通过班集体、宿舍等空间载体将大学生纳入组织。新时代的学生具有个性鲜明、自我意识强等特征，这也决定了他们对待同学、对待集体时在凝聚力方面有些许薄弱。高校辅导员需要准确把握这些学生的特点，联系班干部及其他教师或者学生的家庭成员，对学生进行全面的了解，这样才能进行有针对性的教育。辅导员可以组织各种各样的活动，让班级里的每一个学生都能在承担一定责任的前提下参与班级管理，通过集体教育和个别教育相结合的方式，引导学生感受班集体的温暖、友谊和爱的力量，使其理解身为集体的一员应该积极融入大家庭，并且适时地发挥自己应有的作用。高校辅导员是班级建设的设计者，同时也是班级建设的组织者和领导者，应通过个性影响力和职权影响力来感染熏陶每一个学生。高校辅导员也要擅长隐性组织，即通过网络交流、社团活动等形式实现大学生组织化。现如今部分大学生存在社交恐惧症，他们不愿意与人面对面直接交流，通过QQ、微信等形式与同学建立联系，那么辅导员就要抓住这一机会，利用网络平台，如微信公众号等来推送爱国励志的视频和文章，通过潜移默化的方式让学生受到影响，从而增强青年学生的民族自尊心和自信心。与此同时，辅导员还可以尝试从学生的兴趣爱好出发，组织建立一些学术型学生社团或学科活动小组，定期组织开展相关教育讲座。辅导员还可以带领学生进行实地调查研究，引导学生将对祖国的热爱转化为实在的行动。“力行而近乎仁”，大学生不仅要有对道德的感性认识，更应将理论与实践相结合，努力做到知行统一。

（2）“立德树人”工作的实施者

相较于传统的教授学生知识，大学应该从细节、从小处、从实际出发，着重强调“修德、立信、博学、求真”，形成一个融合课堂教学、校园文化和社会实践的多维教育平台，鼓励学生学会勤奋，学会感恩，学会帮助他人，学会谦虚，学会宽容，学会自律，并将学到的知识变成自己的力量。高校辅导员是“立德树人”根本任务的主要实施者，其任务是通过为学生的精神世界添姿添彩，使其形成良好的道德品格和爱国的精神风貌，从而帮助学生全面充分地发展，并且成为一个自由的人。学校工作的中心环节是教学，对高校辅导员而言，其职责如下：思想政治教育，即时事政治教育、公民素质教育和学校规范管理等；班级管理，即队伍管理、信息管理、日常规范管理和事务管理等；辅导咨询，即学习辅导、生活辅导和生涯辅导等。高校辅导员是学生的政治领路人，其根本任务是教书育人，这要求高校辅导员除了在教学中对学生进行知识和技能的传授外，更要将“立德树人”这一任务贯穿所有活动的始终，以引导高校学生树立正确的道德“信仰”。“以德树人、以德立人”作为教育的核心需要高校辅导员准确把握，即高校辅导员的职责之一就是进行道德教育。高校辅导员要想完成“立德树人”的任务，就必须处于思想政治工作最前沿，本着“人才是道德的本钱，道德是人才的统帅”的思想，将大学的思想政治工作提高到一个新的水平。高校辅导员要尊重学生在各种教育活动中的主导地位，在民主教育中鼓励学生独立思考，从而使学生在实践体验过程中意识到道德教育的重要性。作为高校辅导员，要时刻把“立德树人”放在工作首位，以坚持不懈的精神领好任务、扎稳马步、练好内功。打铁还需自身硬，高校辅导员要用新思想武装自己的头脑，从而更好地指导实践、扎实推动工作。高校完成“立德树人”工作要通过营造良好环境、搭建优秀人才培养平台、建立精神卫生防治体系等途径来实现。

（3）“立德树人”工作的指导者

“立德树人”工作的核心是对当代大学生开展思想政治教育，而开展这项工作的重要力量是各高校的辅导员，其严格按照党委的部署来开展相关工作，将思想政治教育工作转换成具有针对性的教育活动。大学生具有模仿以及向师的心理特点，因此，高校辅导员对大学生的指导极其重要。高校辅导员要遵循长善救失的原则，正确地看待学生，即使学生犯错也要看到其身上的闪光点，鼓励其个性发展。尽量避免使用一些学生无法接受的教育方式，如严厉说教、挑剔言语，这些行为会给学生的发展带来不利的影响，甚至引起学生的逆反行为。高校辅导员要公平合理地对待每一位学生，真正做到关心爱护每一位学生，从而使其产生积极的情绪；要以情动人、以身作则，通过榜样效应和道德规范来激发学生内心深处的情感，引起学生共鸣，从而培养学生良好的品德修养及思想觉悟；还可以通过开展文明和谐宿舍评比等活动，将思想道德教育融入学生平时日常生活的点滴，这样将会极大地促进他们的道德水平的提高。

作为高校辅导员，不能不分青红皂白地对学生进行责怪，要透过现象看本质，给予学生充分的尊重和理解，正确地引导学生积极进步，让每一个学生都能够自强自立。

（三）思想政治教育对高校辅导员的角色要求

思想政治教育对高校辅导员的角色要求主要体现在能力和素质要求等方面。

1. 能力要求

高校辅导员作为高校思想政治教育工作者中的一员，是和大学生相处最直接、最密切的人。在扮演人生导师和知心朋友这样亦师亦友的角色中，高校辅导员一方面陪伴着学生的成长，另一方面自己也在工作中逐步成长。在社会大环境的熏陶下，新时代高校辅导员的特征对加强高校辅导员队伍建设、提高工作实效、推进高校辅导员工作育人体系构建研究有着重要启示。

（1）知识结构多元化

2000 年以来，高校辅导员队伍建设进入快速发展时期，向着专业化、职业化的方向发展。高校辅导员队伍以“专职为主、专兼结合”为原则，基本符合国家的政策要求，按照 1 ∶ 200 的师生比配备辅导员，辅导员数量大幅上升，新进辅导员招聘以博士学历为基本要求的高校也逐年增多。辅导员所学专业不同，包括工科类专业、理科类专业、人文社科类专业等，一般来说，高校在每年的招聘会上都会关注各专业来源的辅导员的结构比例，做到学科平衡。这样虽然丰富了辅导员队伍的思想层次，促进了辅导员的知识结构多元化，但也带来了一些弊端，如辅导员的思想政治教育理论功底弱、本职工作专注度欠佳等，有的辅导员甚至将辅导员工作作为在职读博后转教学的一个跳板，导致队伍的稳定性、持续性、专业性较弱。

（2）专业素养层次化

《高等学校辅导员职业能力标准（暂行）》的出台有力地加强了高校辅导员职业化与专业化的政策支持力度。一名刚入职的辅导员，需要通过在日常的思想政治教育工作中去经历、思考、沉淀、再实践等，来逐步提高工作的专业性。加之每位辅导员的工作目标、个人素质、努力程度等不同，必然导致辅导员队伍的专业素养有层次、有级别、有特点。新时代高校辅导员需要负责学生党建、评优评奖、生涯规划与就业指导、创新创业、心理健康等日常事务性工作，以及协同授课教师、学校行政管理人员做好大思政工作，同时负责企业就业合作事宜、学生留学项目等对外服务工作等。由此可见，社会对新时代高校辅导员的期望不仅仅是一名思想政治教育工作者，而且是一名以思想政治教育工作为核心、全方位对学生进行培养的高阶版辅导员，这必然要求辅导员专业素养的宽度和广度，体现出辅导员专业素养的层层递进性。

（3）个人魅力特色化

目前，高校普遍从刚毕业的研究生中挑选辅导员，辅导员年轻化也意味着他们和大学生思想相通、认识相近，没有代沟和隔阂，易于贴近学生。加之新时代的辅导员在学业、才艺、思想活跃度、接受新生事物能力等方面是优于前辈的，这点注定他们具有较强的独特性和特色性。工作后，新时代的辅导员会逐步形成独特的工作作风、工作理念、工作特色，寻找到工作喜好，并愿意为之深钻研。例如，第九届全国高校辅导员年度人物——南京航空航天大学辅导员徐川，开通个人微信公众号“南航徐川”，通过网络从事思想政治工作，探索传统文化与思政工作耦合之路，其文章网络阅读量一年超千万，影响力极大；又如，第七届全国高校辅导员年度人物——陕西科技大学辅导员李萌，开通微信公众号“萌哥有话说”，通过讲述具体工作实例，立足提升辅导员的职业能力和专业素养，开展思想政治工作。不难看出，新时代的辅导员扎根于思想政治工作，将个性化、特色化的理念、能力融入工作中，吸引学生学习、理解、深思其人生目的、人生态度、人生价值，正确对待社会问题，辨别人生的是非、利弊、善恶、美丑，从而使学生领悟人生真谛，积淀人生智慧，提升人生能力。

（4）沟通交流有效化

1953年，中共中央通过了学生政治辅导员制度，高校辅导员正式登上历史舞台。70年来，高校辅导员队伍随着社会的进步、国家的发展而发展，结合社会需求，解决当下思想政治教育问题，引领学生健康成长，高校辅导员的职业素质、专业素养、个人情怀、人格魅力在工作中也得到了提升和塑造。同时，这也作用于辅导员与学生的沟通交流中，思想政治教育更讲科学性、更显规律性、更见方法性，有利于辅导员更好地开展思想政治教育工作。2016年召开全国高校思想政治工作会议，高校大思政格局、各个思想政治工作队伍的有效融合、思想政治工作合力等要求高校辅导员做好协同合作的工作。“上有千根线，下有一根针”，高校辅导员就是要当好这根针，把高校各部门、各思想政治工作队伍、教学教师群体等汇合成一根绳，传递到学生那里。所以，辅导员除了要和学生保持有效、良好的沟通以外，还要和教学队伍、管理职能部门人员、服务部门人员等形成良好的沟通氛围，保持思想的一致性。随着全球经济的下滑，就业形势不容乐观。辅导员在开展就业工作时，和企业的沟通交流越发频繁，如校企合作、建立实习基地、举办院系专场双选会等活动。辅导员和校外企事业单位建立良好合作关系、保持良性沟通、形成就业指导的有利闭环，这是辅导员对外工作的延展性沟通。

2. 素质要求

（1）政治素质

政治素质是辅导员应具备的根本素质，思想政治教育工作是辅导员工作的重点内容，辅导员是学生政治上的向导、思想上的益友、道德上的楷模。辅导员需要引导学生加强对马克思主义理论的学习，帮助学生树立正确的世界观、人生观和价值观。辅导员自身政治素质的高低对于辅导员工作的成败起着关键作用。辅导员要重点从以下三个方面培养自己的政治使命意识。

第一，传播马克思主义理论。高校辅导员首先应心中有党，坚定信仰。坚定的信仰是马克思主义，辅导员的信仰不能出现偏差，因为其担负着为党国育人的重任。高校辅导员要坚持用马克思主义理论引导学生，使学生形成符合社会主义的主流价值观，带领学生自觉形成建设社会主义的重大决心。随着改革开放的不断深入，我国人民的生活水平显著提升，高校学生家庭经济优渥的不在少数，但学生的政治觉悟有待提高。马克思主义理论不是机械的存在，而是在实践中不断发展的，因此高校辅导员要运用马克思主义辩证思维的方法帮助学生树立正确的价值观，促使学生在复杂多变的环境中辨别方向。这对大学生的个人成长和未来发展非常重要。

第二，传播党和国家的方针、政策。党和国家一直高度重视教育，制定了从微观到宏观的各项政策措施，这些政策措施始终同国家发展目标相适应，因此传播党和国家的方针、政策具有十分重要的意义。高校辅导员的使命在于帮助大学生成长，在学生成长上予以辅助，在学生成才上予以引导，在学生梦想上予以助力。辅导员要切实将党和国家的利益放在第一位置，为党育人，要教育引导学生在社会主义建设中发挥自身力量，这也是辅导员使命意识的要求。中华民族文化底蕴深厚，有着五千多年的历史，有过辉煌也有过挫折。在新时代，“两个一百年”奋斗目标就是当下的奋斗目标，中国梦是中国人近百年来的夙愿。大学生是时代建设的未来主体，中国梦的实现需要他们来完成，使党和国家的方针、政策深入大学生骨髓是辅导员的使命。

第三，传承民族精神。民族精神是一个民族精气神的体现，是长期共同生活约定俗成的精神存在，是一种文化传承，也是一种精神传承，是一个民族全体成员共同遵循的价值观表现，也是一个民族得以长期发展的思想支撑。中华民族经过长期发展，在历史长河中依然屹立不倒，靠的就是民族精神。民族精神是中华民族赖以生存的精神支撑。大学生作为社会主义建设者和接班人，要高度认同中华民族精神、延续中华民族精神、传播中华民族精神，而在认同、延续、传播的过程中，辅导员的作用就凸显出来了，这是辅导员使命的象征。高校辅导员要具备高度的使命自觉，充分利用高校学生实践能力突出、动手能力强的特点，通过第二课堂引导大学生践行民族精神。

（2）思想素质

辅导员的一切工作都要从学生的角度出发，立足学生，用心、用爱走到学生的日常生活中，真正了解学生的所思所想，把握学生在思想、学习和生活上的变化，并且结合实际情况进行有针对性的指导。

第一，尊重、理解、关心学生。尊重是服务的前提，做与人相关的工作首要就是尊重。高校辅导员在工作过程中要把握学生的性格特点，探索出教育的最佳切入点。辅导员要和学生建立起平等沟通的渠道，不能摆出一副高高在上的姿态，这样十分不利于学生吐露心声。辅导员只有与学生建立良好的沟通模式，才能使学生从心里认可并接受辅导员，也才能真正让学生接受辅导员的教育，真正做到思想引领。辅导员要想真正做到心中有爱，就要付出更多的精力，时刻关心、关注学生，为学生的进步喝彩。部分高校学生的学习基础和学习接受能力较弱，因此高校辅导员从学生入学开始就要强调在大学中的学习方法，要在班级营造认真学习的良好氛围，激发班级每一名学生的学习热情，让学生在学习中成才，提升学生对所学专业的认可度和归属感。对于在学业上落后的同学，辅导员要积极同其谈心谈话，了解其成绩不佳的原因，激发其学习热情，防止学生产生厌学情绪。对于学生的生活，辅导员也要有所关注。生活是一个学生的侧面反映，尤其是大部分学生都是第一次离开家开始独立生活，对新环境不太适应，大学又是一个相对比较自由的环境，学生极易受到身边事物的诱惑，因此辅导员要关注新生的生活变化，引领学生树立健康向上的生活观。

第二，对学生进行思想道德教育。大学是思想塑造的关键期，学生在这一阶段形成的价值观会对未来生活产生深远影响。学生联系最多、沟通最多的就是辅导员，辅导员有责任培养学生良好的道德观念和道德品质，教会学生明辨是非，使其讲道德、尊道德、守道德。高校学生的自我意识比较强烈、自我管理能力较弱，需要辅导员加强正确引导。同时，辅导员自身也要加强道德修养，用自身的现身说法去影响学生，使学生自觉向辅导员靠拢，在思想道德层面以辅导员为榜样，主动提升自身的道德情操和意志品质。

（3）文化素质

辅导员只有在自己具备较高的文化素质的前提下，才有可能去引导学生求知、探索、发展、提高。这要求辅导员首先掌握必备的专业知识和技能，如了解教育学、管理学、思想政治工作原理等方面的内容；其次，辅导员应熟悉教育规律，明确价值取向；再次，辅导员应具有较广泛的兴趣爱好、广博的社会科学知识，使思想性、教育性和娱乐性融为一体，通过开展活动提高学生的思想政治觉悟；最后，辅导员应具有科学与人文精神，注重传承民族传统文化，为提高自身的教学水平和教学能力打下基础。

高校辅导员工作的综合性较强，辅导员不仅需要具有思想政治工作的相关教育学知识与理论，也需要有丰富的心理学、管理学的知识与方法等。同时，高校辅导员处在学生工作的第一线，要想深入学生、了解学生，顺利开展工作，需要辅导员具备广博的知识面、一定的人文科学知识素养，以及学生感兴趣的，如足球、篮球等体育知识等。

（4）心理素质

具有良好心理素质的辅导员，应该体现在三个方面：坚忍的意志品格、开放稳重的性格特征、乐观向上的心境状态。辅导员应具有坚忍的意志品格，只有这样才能产生克服困难的勇气，在困难面前，具有坚强的意志和坚定的毅力；在面对成功和失败、顺境和逆境时都能沉着稳定，善于控制自己的情绪，保持冷静。辅导员应保持开放稳重的性格特征，不能把学生当成单纯的受教育对象，也应把他们当作朋友，坦诚地沟通和交心。实践表明，性格开朗但不失稳重，且富有吸引力的辅导员，是很受学生欢迎的。辅导员应该保持乐观向上的良好心态，要经常与各种部门打交道，帮助学生解决问题与实际困难。辅导员积极、良好的心态有助于充分发挥积极性、创造性，提高工作效率，顺利克服遇到的困难。另外，辅导员也要自省自重，善于剖析自己、及时改正错误、虚心听取意见，这样更容易赢得学生的尊重。

一个好的辅导员还要能够很好地进行自我控制和适时转换。在面对纷繁复杂的问题时，辅导员要能够很好地进行自我调节，依旧以饱满的热情面对问题。在遇到突发性问题和危机时，辅导员应临危不惧、处乱不惊，做好稳定工作的同时积极寻求办法解决危机。在实际工作中，辅导员要注重提高自身心理素质，学习理论知识的同时更要注重对实践经验的总结和积累，因为工作经验能够使个人的心理素质得到提升。

（5）创新精神

随着新时代的到来，社会矛盾的转变表明新时代高校辅导员面临的环境也在深刻变动，对高校辅导员也提出了新的任务要求。高校辅导员要在这一变革中主动发力，因此在高校辅导员使命意识中，创新意识也就成了必不可少的关键要素。创新意识的树立不仅有利于思想政治工作的开展，同时还推动着个人事业的进步。

第一，开阔的创新思维。思维是开展工作的意识，创新思维要求辅导员主动优化和敢于突破传统工作方式。党历来重视创新人才的培养，尤其是党的十八大以来对创新人才的重视再上一个台阶，国内各行各业对于创新的重视愈发明显。在建设创新型国家的良好背景下，高校思想政治教育也要紧随创新步伐。高校辅导员在思想政治教育过程中要主动研究创新方法，在头脑中树立创新意识，对思想政治教育的内容进行优化，对思想政治教育的手段进行更新。当前以网络技术为载体的融媒体、云计算、大数据等技术不断出现在我们的视野当中，对传统思想政治教育的方式提出了挑战，因此高校辅导员要提升自己的创新使命意识，深入分析高校学生的思想特点，在变革中谋新机，迸发出教育的内生动力。

第二，良好的创新能力。高校学生的学习基础相对薄弱，创新意识有待提高，学习中也时常面临挫折，在这种形势下，学生在迈入社会前就需要具备一定的创新能力。要想培养学生的创新能力，高校辅导员自身首先要有传承能力，言传身教，辅导员创新能力的表现会深刻影响学生的创新能力，学生的创新能力也需要辅导员在履行责任中不断挖掘。高校辅导员要通过树立终身学习的意识培养自身的创新能力，从而走近学生，将创新能力作为紧密联系学生的催化剂。

二、大学生

在高校中往往以学生为中心进行教育活动，他们的角色定位很重要。大学生的年龄一般在 18 ～ 25 岁，恰处于人一生中的精力旺盛期，因此是高校最活跃的人群，也是高校最大的财富。他们多数求知欲望强、参与意识强、独立意识强、批判精神强。当今社会、家庭对大学生的期望值较高，加之部分学生自身心理发展不成熟，认识问题和自我调节能力不强，容易对自身的角色定位认识不清。

（一）大学生的角色定位

大学生的角色定位在现代社会中具有重要的意义。大学生智力和技能水平较高，因此有很多优势，但同时也面临着许多挑战。因此，大学生合理地定位自己在社会中的角色非常重要。

大学生应该认识到自己的重要性。大学生是社会中最富有活力和创造力的人群之一。他们受过良好的教育和培训，拥有广泛的知识和技能，同时也具备创新和思考的能力。他们可以做出有益于社会和人类的贡献。

大学生必须明确自己在社会中的角色。这包括明确自己的目标和职业道路，以及如何为社会做出贡献。大学生需要认识一个事实，那就是自身所拥有的优势和能力只有通过积极行动才能表现出来。

大学生需要认识到自己在社会中的责任。作为一个成年人，大学生必须承担起自己的义务和责任，包括缴纳税款、参与公益活动、积极参与民主政治等。同时，大学生应该帮助那些需要帮助的人，并对社会做出积极的贡献。

大学生应该认清一个事实，那就是自身的角色定位应该始终与社会发展方向相吻合。这意味着大学生应该了解自己所处的社会，明确自己的价值取向，并为之努力。只有这样才能实现自我价值和社会价值的完美统一。

总之，大学生的角色定位是非常重要的。他们有着广泛的优势和一定的能力，但同时也面临着许多挑战。因此，他们应该明确自己在社会中的角色，并为社会做出积极的贡献，只有这样才能实现个人和社会的共同繁荣。

（二）高校思想政治教育对学生的角色要求

当前，高校思想政治教育早已超出简单的灌输与传递知识的层次，更加强调关注学生个体的成长与成才。对大学生而言，思想政治教育作为学生思想觉醒和精神成长的重要载体，显得尤为重要。

1. 大学生应该是自主听讲者

在课堂上，学生不仅要认真听讲，还应该主动思考教学内容，发表自己的观点。教师在课堂上所呈现的知识和思想并不是权威、绝对的，要鼓励学生主动思考、探讨和发表个人见解，为教学活动带来多元化的内容。

2. 大学生应该是积极参与者

除了听讲之外，学生还应该积极参与各种校内课外活动，如学生俱乐部、志愿服务团、其他学生组织等，这些活动都能够丰富学生的课余生活、提升学生的综合素质。在多样化的活动中，学生可以拓展自己的视野和认知，加强自己的职业技能，从而更好地融入社会。

3. 大学生应该是积极求知者

在大学的学习生活中，学生应该不断学习各种非学科性知识，增强自己的社会认知能力和综合素养；应该学会阅读和解读政治经济学、社会学、心理学等领域的专业文献，从而更好地认知现实世界，帮助自己解决生活和学习中的问题，成为更有智慧和思想的人。

4. 大学生应该是价值观坚定者

在高校的思想政治教育中，学生应该不断接受新的思想、观念的洗礼，同时也要保持审慎和批判态度。只有自己的价值观坚定，才能真正地为社会发展添砖加瓦。

同时，大学生应坚定科学信仰，提高思想觉悟。当代学生肩负着实现中华民族伟大复兴的历史重任，学生要想明大德、成大才就要坚定科学的信仰，努力提高自身思想觉悟，通过高校提高人才培养质量、“立德树人”主渠道的思想政治理论课提高自身的思想觉悟，从思想政治理论课堂、课本中学习理论知识、领悟理论精神，从思想政治理论的实践课程中获取感性材料，学会将理论与实践紧密结合，并运用理论指导实践，将知识内化于心、外化于行。此外，大学生要提高对思想政治理论课的重视，加强与思想政治理论课教师的互动交流，提高课堂参与度，清楚了解思想政治理论课程的培养目标，为“成大才”打好理论基础。

5. 树立远大理想，承担时代重任

新时代大学生肩负重任，需要不断坚定“四个自信”，树立远大的人生理想，为祖国、人民奋斗终身；珍惜高校学习时光，充分利用学校的学习资源，认真上好每一堂课，认真负责地完成每一份课后作业，善于思考、反思、发现问题与提出问题；积极参加社会实践与思想政治理论课程实践，用知识武装大脑，并付诸行动，用实践增强能力；勇于创新，自觉践行社会主义核心价值观；面对世界各地多元文化的冲击，要自觉抵制腐朽文化，加强对思想政治理论课的学习，树立正确的人生观、价值观与世界观；通过加强对思想政治理论课的学习，加强自身分析问题、解决问题的能力，善于运用批判精神认识问题并分析问题，学会明辨是非曲直，有骨气、强志气，砥砺奋发，笃行不怠，为国家建设添砖加瓦。

综上所述，大学生在高校思想政治教育中的角色定位，是自主、积极、有大识见、价值观坚定的人。大学生应该不断提升自己，积极寻求个人成长，为自己、为家庭、为社会贡献力量。

第二章　高校思想政治教育工作的影响因素及形势变化

长期以来，高校思想政治教育工作一直受到党和国家的高度重视。高校思想政治教育工作者只有了解高校思想政治教育工作的影响因素及形势变化，才能采取有针对性的措施提升高校思想政治教育工作的实际成效。本章分为高校思想政治教育工作的影响内因、高校思想政治教育工作的影响外因、高校思想政治教育工作面临的形势变化三部分。

第一节　高校思想政治教育工作的影响内因

高校思想政治教育工作的影响因素十分复杂，既包括外部因素，又包括内部因素，影响内因包括高校管理方式、高校领导的思想观念、教学方法、师生关系和教育内容等。本节将重点探讨高校思想政治教育工作的内部影响因素。

一、高校管理方式

高校思想政治教育工作的管理方式直接影响教育的效果。在当前的大学管理中，大学生活动的自由度越来越高，对于思想政治教育工作管理的要求也越来越高。这就需要高校对思想政治教育工作的管理更加有效、科学和规范。高校需要制定更完善的管理制度和规章制度，加强对教育效果的考核和评估，以确保教育工作的有效实施。

二、高校领导的思想观念

大多数高校领导都能意识到思想政治教育工作的重要性，而实际中其重要性常被忽视，或者重视一线思政课教师而忽略其他政工干部的作用，对辅导员的培训不足，导致教育与管理相脱离的现象时有发生。辅导员往往由较年轻、理论和实践经验并不丰富的教师担任，这些年轻教师很容易和学生打成一片，得到学生的拥护，但是这些教师自己本身在思想政治教育工作、日常生活和就业指导等方面都需要提升，导致对学生引导不够。

三、教学方法

高校思想政治教育的教学方法是影响教育工作的重要内在因素。目前，高校思想政治教育的教学方法主要有讲授法、研讨法、案例教学法等。讲授法注重知识的传授，但单调乏味，容易使学生产生枯燥感；研讨法注重学生参与，但对学生的参与度有较高的要求；案例教学法注重对具体问题的讲解，但案例的选取、讲解方法等都需要教师具有专业的教学经验。

为了提高教育效果，高校需要灵活运用各种教学方法，通过案例分析和互动讨论等方式，将思想政治教育工作与学生的实际生活相结合。高校还可以通过邀请知名专家学者举办专题讲座等方式，提高学生的思想水平和综合素质。

四、师生关系

作为思想政治教育对象，大学生本身也具有性别、性格、专业等方面的特点，不同性别、性格以及专业的学生又存在着很多不同之处，从整体上来说，现在大学生的责任意识整体较强，但仍有一小部分学生受当今社会环境的影响，道德观念与价值取向逐渐朝着多元化的方向发展，如部分学生对政治学习不感兴趣、不重视学习思想政治理论知识、对思想政治教育工作者表现出不信任等，这些可能导致他们形成错误的观念。另外，大学生还没有真正接触社会，对社会的认识以及分辨能力都不是很强，但是由于学生的自我意识不断加强，一旦受到挫折就可能会一蹶不振，甚至可能会导致其价值观偏离正确的方向。

师生关系是影响高校思想政治教育工作的另一重要内在因素。优秀的师生关系可以促进高校思想政治教育的实施，反之则会给教育带来消极的影响。高校教育工作者要注重与学生沟通交流，关心学生的思想与生活，建立师生之间的信任和友谊。高校要重视教学方法不合理、师生交流不足、教育管理不规范等问题，并以各种方式加以解决。

五、教育内容

教育内容也是影响高校思想政治教育工作的内在因素之一。高校思想政治教育工作应该紧紧围绕国家、社会、学校的根本任务，积极宣传和培育尊重科学、崇尚法治、推崇道德、维护稳定的思想精神和行为方式，使学生树立正确的世界观、人生观和价值观。高校应不断更新、完善教育内容，使教育适应时代的发展和社会的进步。

总而言之，影响高校思想政治教育工作的内在因素不容忽视。高校应该在管理方式、教学方法、师生关系和教育内容等方面积极探索、改进和提升，不断提高思想政治教育工作的质量和效果。只有这样，才能更好地培养适应社会需要的高素质、全面发展的人才，为实现中国梦和重塑国家发展与复兴的美好愿景贡献力量。

第二节　高校思想政治教育工作的影响外因

一、互联网

（一）互联网丰富了高校思想政治教育工作的内容

在互联网时代背景下，高校借助互联网获取信息资源具有便利性、多样性和快捷性等多种特点，思想政治教育工作内容得到了丰富。现如今，高校在传统思想政治教育工作当中引入了更多的网络资源，也开始看重思想政治教育工作内容的时效性，让思想政治教育工作内容紧紧跟随时代的潮流。高校思想政治工作突出时代主题，将《习近平谈治国理政》第四卷等作为高校思想政治教育工作的最新内容，围绕“四史”（即中国共产党党史、新中国史、改革开放史、社会主义发展史）进行思想政治教育工作。很多高校利用互联网挖掘出了高校思想政治教育工作当中一些隐藏着的资源，如图片、视频等，提高了思想政治教育工作的影响力。互联网作为信息沟通和共享平台，通过对多种资源进行收集和整合，为高校开展思想政治教育工作提供了诸多便利。教育工作者可以直接通过检索的方式得到最新的相关信息，从而填充教育内容。大学生也可以直接通过查找的方式获得自己喜欢的知识，促进自身素质水平的提升。

“互联网 +”技术和高校思想政治教育工作的融合，不仅实现了形式方面的创新，同时也让思想政治教育工作的内容变得更加丰富和多样，并且使得新时代的高校思想政治教育工作有迹可循，提高了其可复制度，从而提高了高校思想政治教育工作的整体水平。

（二）互联网有利于提高高校思想政治教育实效性

互联网赋能思想政治教育，提高其实效性已经是很多高校的做法，将互联网所具有的优势运用到思想政治教育工作中，能够破解高校育人模式的单一、滞后、体验不深等难题。

第一，互联网使思想政治教育工作资源的共享与积累成为可能。由于互联网及其依托的计算机网络具有强大的记录与分享功能，师生能享受到更丰富的思想政治教育资源。而互联网技术的应用也催生了内容更精彩、形式更丰富的思想政治教育课程以及网站，如慕课，其不仅具备完备的课程，内容也更加丰富和系统，而且具有线上和线下双向交流的特点，学生能够随时随地进行学习，学习进度和计划也由自己自由掌控，可选择的学习内容更加广泛。

在实际学习当中，如果遇到了自己不理解或不懂的内容，可以反复观看学习视频，还能够直接在线向同学和教师寻求帮助。通过互联网技术，高校也能够结合每个大学生自身的需求和特点，提供个性化的服务模式。如果把之前的思想政治教育模式比作“套餐”，如今有了互联网的加持就升级成了“自助餐”。在这个“餐厅”里，学生能根据自己的兴趣、时间选择适合自己的内容，更好地满足大学生各自的差异化需求。

第二，互联网推动了高校思想政治教育工作的创新发展。互联网的发展已经成为教育改革的强大推动力，推动互联网与思想政治教育创新发展既是时代发展的要求，也是其实现自身发展的现实需求，是教育领域的一次深刻变革。显然传统的高校思想政治教育工作模式已不适应时代发展的具体要求，在此背景下，高校思想政治教育环境、教育手段以及教育理念等都相应发生了极大的变化。高校思政工作必须深入研究此时思政教育发展的新规律，积极探索互联网时代思政工作的发展模式，探究更加有效的实施路径，对二者的价值耦合进行系统化研究。

传统的高校思想政治教育在互联网的支持下焕发出了新的生机和活力，相得益彰。互联网技术能够优化教育教学、管理服务、社会实践、环境营造、主题宣传等思想政治教育组成要素，将思想政治教育元素可视化、聚合化、个性化，推动高校思想政治教育更好更快发展；同时大学生面对多元而泥沙俱下、便捷而真假难分、开放而鱼目混珠的信息，其思想层面急需正确、合理的价值理念引领，急需主流价值观教育引导，高校思想政治教育作为提升大学生思想政治素质精神成长的主要渠道，能够为互联网技术的发展提供正确的、规范性的价值引领，起到以德化人的作用，因此高校思想政治教育和互联网技术相辅相成，相互促进，实现思想政治教育创新性融合发展。

（三）互联网丰富了高校思想政治教育工作的形式

伴随互联网技术的出现，高校思想政治教育出现新特点、新变化，我们要顺应新时代新趋势，想学生之所想，为学生之所为。

大学生无疑是网络空间最活跃、使用网络最频繁的群体，其学习过程、生活方式、社会交往、成长发展都与互联网有着深度的绑定，形成网络化生存状态，深刻影响着大学生思想发展，如何利用互联网进行思想政治教育成为高校思想政治工作首先要考虑的。高校在网络的帮助下，可以让思想政治教育工作者更及时地了解受教育者在思想方面的动态。完全可以把教师授课与学生频繁使用手机的对比转变为把手机网络作为一个平台加以利用。大学生通信交流软件的使用率非常高，诸如 QQ、微信、微博、博客、论坛、空间、邮件等，很受学生们的青睐，很多学生 24 小时都在线，每天都从微博等平台查看别人发布的信息、动态，有的学生甚至一小时就要查看一次。这些通信软件的交流双方是平等的、自由的，也可以是匿名的，他们享受虚拟空间带来的乐趣。教师可以充分利用这些网络应用开展平等互动的在线教育。学生可针对当下的社会问题、焦点话题开展自由的讨论，发表自己的看法和观点，形成一个意见集散地和舆论场，但是需要学校的正确引导和监督，要针对错误言论进行解释和科学的引导，最终达到思想政治教育的目的。这样不仅能够促进高校思想政治教育工作效率的提升，而且能够保证高校思想政治教育工作的实效性。

二、自媒体

自媒体具有传播速度快、资源丰富等优势，深受大学生的推崇与喜爱。自媒体的出现打破了传统媒体在时间和空间方面的局限，丰富了思想政治教育工作的方式与手段，加快了高校思想政治教育工作的发展速度，给高校思想政治教育工作带来了积极影响。

（一）拓展了高校思想政治教育工作的空间

在传统教育模式下，教育者长时间以来处于思想政治教育工作的核心位置。教育者会根据自身的教学经验和教学思想制订教学方案，为学生传授知识，以单一的评价机制检验学生的教学效果，测试学生的成绩。在这种教学背景下，受教育者在汲取知识的过程中处于被动地位，长此以往，个体在学习方面的自主性会被不断减弱。在当前的自媒体背景下，自媒体技术平台持续走向成熟，并占据大众相对较多的休闲时间，成为其获取消息的重要渠道。

如今，自媒体技术凭借其能够突破时间和空间限制的优势，打破了传统思想政治教育阵地相对固定、覆盖面窄的局限，大学生随时随地都可以在丰富的自媒体思想政治教育资源中拓宽学习视野，努力思索、探求真知。其一，大学生可以利用各种新技术，寻求并未纳入书本和教材的思想政治教育资源，在此基础上将相关资源更好地整合在一起并予以分析、总结，进而不断优化自身知识结构。其二，将自媒体作为高校思想政治教育工作的新媒介、新方法、新载体，对于高校学生跟踪时事政治、了解最新的研究成果、快速高效地获取社会热点资讯等都大有裨益。其三，自媒体中的资源能够共享，为大学生在科技高速发展的今天实现自由地选择时间、地点同思想政治教育工作者进行“面对面”的实时交流提供了可能。例如，各大高校内的一些能够产生深远影响力的思想政治教育工作者，其选修课程往往由于时间、空间等客观因素的限制，无法使所有渴望求知、渴望进步的学生在场听课，然而利用自媒体平台进行网络直播，实时传递课程当中的重点、要点，在线观看人数规模也会不断壮大，在展现了自媒体平台生机的同时，也呈现出受教育者群体应用自媒体学习的主观能动性。在高校思想政治教育工作中，自媒体已经成为第二大教育渠道，在学生学习思政知识、提高思想政治觉悟方面发挥的作用日益显著。自媒体技术为高校思想政治教育工作不断创新提供了动力、创造了条件，极大地拓展了思想政治教育工作空间，成为开展思想政治教育工作的新阵地。

（二）丰富了高校思想政治教育工作的方式与手段

传统的高校思想政治教育工作主要通过课堂教学、社会实践、报刊书籍、电视媒体等方式与手段来开展，教育方式相对单一。但在自媒体背景下，教育方式与手段变得更加多样化。自媒体信息容量大、传播速度快、互动性强的特点使高校思想政治教育工作方式从单一走向多样，为高校思想政治教育工作提供了更多可能。高校思想政治教育工作者可以组织学生通过自媒体观看国家的重要会议，从而紧跟国家大事，及时了解重要思想，让学生进行讨论和交流，将理论转化为实践，应用到自身的发展中。通过自媒体进行思想政治教育工作的方式灵活性更强，也更易被学生接受。

在自媒体背景下，人们交流互动的方式更加灵活、高效。微信、微博、抖音等自媒体平台都积累了大量的大学生用户，这同样也给高校思想政治教育工作的开展提供了非常大的便利。

自媒体技术的开发与普及使得越来越多的高校不再拘泥于传统的思想政治教

育工作方式与手段，高校开设思想政治教育公众号、抖音号，并安排相关人员定期管理，旨在扩大思想政治教育工作的宣传范围，提高本校的影响力。由团中央提出的青年学习主题教育成了高校每一位大学生的必修课。考虑到当代青年人很难把握政治概念，于是通过短视频、互动答题、清新手绘、生活化解读等方式将难懂的政治概念呈现出来，提高了学习的趣味性，吸引了青年人的注意，并且大学生可以在答题中获得成就感。这种隐性教育的方式可以在大学生心中埋下红色的种子，对其形成正确的三观有着深远的意义。

总而言之，自媒体技术在点对点、点对面、面对面等多种教育互动形式中展现出了它的独特魅力与灵活性，给思想政治教育工作者在教育手段方面留出了更为丰富的选择空间，有效地延伸了现实思想政治教育工作的范围，教育的针对性和辐射性也在不断提高与增强。

（三）提高了思想政治教育工作的时效性

习近平总书记指出，我们要努力促进宣传思想工作质量和水平的提升，有效地把握“时、度、效”。时效性是思想政治教育工作中的关键问题，思想政治教育工作的时效性在一定程度上决定了教育能否实现预期的成效。了解学生的思想是顺利开展思想政治教育工作的条件之一；教育者能否高效地获取受教育对象的思想信息是衡量其教育水平的重要方面，同时也决定了思想政治教育工作的时效性。教育者应动态跟踪受教育对象的思想观念和价值取向，从而更快地完成教育准备工作。在传统思想政治教育工作中，教育者主要通过观察或调研的方法去知晓受教育对象的思想状况，这种方法难免耗时且费力。而自媒体因其具有融合开放性的特征，任何人都可以在自媒体平台上发表言论、表达看法，同时也能与其他用户进行信息共享。大学生是自媒体平台的主要受众，他们可以在虚拟的网络自媒体平台上表达自己的真情实感。教育者可利用自媒体平台去跟踪受教育对象的思想动态，当其遇到困难时，及时地帮助其解决问题，给予其心理疏导，努力使其形成积极、正面的心态，从而增强双方对彼此的了解，尊重受教育对象的主体性。这样的交流方式能够使师生的内心更加靠近，有效地消除了教育双方之间的隔阂，提高了思想政治教育工作的亲和力，使思想政治教育工作达到“润物细无声”的效果。

高校思想政治教育资源主要集中在教材中，部分教师在开展思想政治教育工作的过程中主要围绕教材这一核心，并未在课堂上对教学内容进行拓展，时政热点在思政课堂上出现得不够多。而自媒体具有多样化的形式、海量的信息和丰富的资源，它为高校思想政治教育工作提供了更多可选择、可借鉴、可参考的学习资源，促进了思政课内容的延伸和发展。高校思想政治教育工作者可以利用自媒体操作简单、方便快捷的优势，在最短的时间里用最浅显易懂的方式向大学生传播各类图片、文字、视频、音频，甚至是多种形式相结合，让思想政治教育工作变得更加灵活，把教育内容更直观地呈现给学生。自媒体在教学领域中的普及促进了教学效率的提升。

三、大数据

在大数据还未应用到教学活动中之前，教育教学方法有限，学生兴趣不高，教育教学过程中产生的学生学习行为数据没有被很好地记录和分析，教学效果不够理想。大数据的应用为高校思想政治教育工作带来了海量的教育资源、新颖的教学方式、实时的教育革新，成为未来教育的新趋势。

（一）大数据使海量教育资源全球共享

传统学校教育的一大问题是教学内容的单一化和模式化，在教学上部分教师照本宣科，很少创新延伸，学生的思维受到了局限，不利于学生创新思维的培养和创造能力的发展。而大数据的出现为创设新型课堂提供了可能，高校运用互联网平台，允许越来越多的共享渠道的存在，所有学生都有机会在此接触到名校名师的优质思政教学课堂，极大地扩展了高校思想政治教育课堂内容。利用互联网和信息化技术改进课程开展的方式，让任何学生都有机会接触到最新、最权威的课程，满足了学生随时随地学习的需求，实现了优质教学资源的互联互通，使优质的教学资源得以良性循环。

（二）大数据创新高校思想政治教育工作的方式

以往的课堂教学采用的是统一的教材、标准化的课堂教学、统一的成绩测试，这种传统的教育模式已经不适应现代社会对培养创新型人才的迫切要求，学生对于“填鸭式”教育也已厌倦，学习积极性较低。在大数据时代，教师可以创新教育载体，为思想政治教育工作探索新的路径。例如，鼓励学生在课余时间经营微信公众号或个人微博账号，让学生运用平台上的数据信息进行政治学习的同时，也将个人的政治学习经验或者承载正能量的心得体会进行发布。这种教学方式使学生在碎片化的时间里也能接受政治理论的熏陶，有利于学生结合时政进行自主思考，深入领会政治知识。学生还可以在留言板上与同学、教师进行讨论与分享。由此，师生间的互动性得到了增强，思想政治教育的亲和力也得到了有效的提升。

大数据技术下的理论性课程借助立体、生动的网络来展开，使枯燥、抽象的课程变得多样、形象，在加强学生对理论知识理解的同时，提升了思想政治理论课的吸引力和感召力。

（三）大数据助力高校思想政治教育工作的改革

高校进行教育教学改革离不开客观数据信息的支撑。在传统的工作实践中，高校主要依靠问卷调查、抽样分析、个别座谈等方式获取学生数据，想要全方位、多角度、长时间地采集学生的各项情况数据是很困难的。而在大数据时代，通过云计算、智能分析等计算机技术挖掘和分析学生的各项数据，教师可以知晓各项教育教学工作的进展情况，针对学生的反馈优化教学内容、改进教育方法，进而提升工作质量。利用大数据进行教育改革，可以使思想政治教育工作的形式多样化、新颖化、科学化，使思想政治教育工作富有时代性，为思想政治教育工作带来多样化的发展机遇。

（四）大数据丰富了高校思想政治教育工作的资源

一方面，大数据为整合教育资源提供了方便。高校思想政治教育工作者借用大数据技术可以在海量的教育信息资源中精确、及时地捕获授课所需要的优秀课件、辅助材料、教学计划等，实现教育教学资源共享。以大家所熟悉的网上课程平台“超星学习通”为例，教师能够共同进行课程设计和课程规范的探索，从而提升信息化平台的实用性，将技能点、知识点和科学性等内容融会贯通，提升课堂教育的顺畅性。教师可以在超星客户端上自助完成电子资源搜索下载、专业最新资讯浏览，且积累的大量数据能够为教育资源创新提供有效支撑。

另一方面，大数据在很大程度上扩充了教师在思政课上的教学内容。授课教师在上课时应将部分教学内容同某些社会上的重大问题、高热度问题以及高校学生广泛关注的社会问题紧密结合，并引导学生充分运用马克思主义理论、观点和方法进行研究并提出疑问，提高学生的是非观，使其坚定自己的信仰，逐步完善自己的人生观、世界观和价值观，从而使他们真正体会到思政课教师在思想政治理论课程方面的与时俱进精神，激发学生学习兴趣的同时也能够使教学内容更加丰富。

（五）大数据构建了高校思想政治教育工作新平台

从教学工作方面来说，在互联网红利的驱使下，在线教育平台应运而生，而大数据技术的运用则犹如锦上添花，为多样化的线上教育平台和教育工具的出现提供了技术支持。国内高校将大数据技术有效导入课堂教学，不断完善校内思想政治教育工作者的工作创新平台，在很大程度上改变了思想政治教育工作的传播形式，把课堂教学迁移到了网络平台上。高校思想政治教育工作者能够利用网络平台反馈的精准数据信息，有效了解每一个受教育者的思想状态和其情绪，并通过进行一对一、点对点，更加细致、人性化的教育管理，切实地从学生的精神需求出发，对其进行合理的思想引导，传统的“填鸭式”和“灌输式”的思想教育模式被彻底改变。由此可见，基于大数据的平台应用在高校思想政治教育工作中的作用不言而喻，是宏观领域促进高校思想政治教育工作模式变革的需要，而且减轻了高校思想政治教育工作者的工作负担，很好地提高了教学效率。

从日常工作方面来说，高校思想政治教育工作者每天的工作除了传授理论外，还有了解学生的思想情况。以前的教师多通过谈话的方式了解学生，有的学生由于性格内向，很难向教师吐露心声。现如今，随着大数据技术的发展，大数据平台会对学生的学习情况和生活轨迹进行记录，以学生数据为基础，教师能够及时使用微信、微博等与他们进行交流，对他们实施正确的思想政治教育。

概括而论，大数据为思想政治教育工作者提供了思想政治工作新平台，高校思想政治教育工作者可以比较清晰地掌握学生的思想动态，研究分析某些学生的思想和行为，使思想政治教育工作变得更加有效。

（六）大数据推进高校思想政治教育管理技术精准化

大数据与管理的相结合提升了管理环节的技术参与度，以技术优化管理活动。大数据通过精准识别管理目标定位、精准供给管理服务内容、精准提升管理工作效率，全方位推进高校思想政治教育管理技术精准化。

1. 大数据精准识别管理目标定位

管理目标在思想政治教育工作管理中居于核心地位，具有指向和推动作用。换句话说，思想政治教育管理的所有内容都是围绕管理目标进行的，最终需要获得的结果也是完成既定的管理目标。

大数据的出现为高校思想政治教育目标精准管理增添了管理优势。传统高校思想政治教育管理目标的设定者、实施者以及评价者均为同一管理者，换句话说，管理目标的实现与否极大程度上依赖管理者自身的能力。同时，管理者在目标管理实施的过程中较少会受到其他人员的影响，这将会造成两方面的影响：一方面提高了管理目标制定效率；另一方面减少了沟通交流，可能会产生管理目标制定不当的问题。大数据技术既能保持管理的原有效率，又较好地弥补了之前的缺陷。

大数据的出现为高校思想政治教育目标精准管理提供了最为合适的管理方法。大学生思想政治教育管理目标分为远期目标、中期目标、近期目标三部分。远期目标又称为总目标，即实现培育社会主义建设者和接班人的目标；中期目标又称为具体目标，即完成大学生在大学四年的思想政治教育管理工作，帮助大学生树立正确的思想观念；近期目标又称为个人目标，即实现管理者的管理目标。大数据为目标管理提供了管理方法，提供了把握目标之间关联性的“钥匙”，原来的目标与目标之间存在关联性，但是大多数情况下只关注到了近期目标，尚未建立起目标与目标之间的“沟通桥梁”。大数据将目标信息数据化的同时扁平化管理目标，发现目标与目标之间的相通性，增强了高校思想政治教育管理者对目标管理、目标设定、目标实践、目标评估的理解。

2. 大数据精准供给管理服务内容

时代的巨变给高校思想政治教育管理带来新的问题，要求思想政治教育管理能够回应大学生的时代需求，及时供应、更新高校思想政治教育管理的服务内容。问题是供给和需求能否取得平衡，千千万万的供给和千千万万的需求是否互相应对，供需是否达到平衡（包括总量平衡和结构平衡）。思想政治教育管理应从现代化、人性化的角度出发考察大学生的内心诉求，合时宜地向他们提供管理信息等，帮助大学生度过重要的大学时光。

高校思想政治教育管理服务工作要做好以下三点：一是把握大学生的思想需求。大学生需要什么，思想政治教育管理工作就要提供什么，因此了解大学生的思想需求是第一步。现代社会的大学生思想动态变化快，给高校思想政治教育管理工作带来新的挑战。通过大数据技术，高校能将大学生线上、线下等各类数据进行重组、画像，进而形成可视化图像，将数据转化为学生的思想动态值，只有这样高校思想政治教育管理者才能把握好“需求端”，进而解决“供给端”的问题。二是更新相应的供给服务。多元主体的需求要求供给内容多元化，通过大数据技术洞察大学生对思想政治教育管理的需求后，管理者能够及时调整管理方式及策略，对不同时期的大学生进行管理。例如，在贫困生的资助方面，现在的大学生尊严感比较强烈，一些高校在进行贫困生资助时通过运用大数据的方式，构建“学生家庭经济困难程度量化模型”，用数据治理推动资助育人精准化，加强高校思想政治教育精准管理。三是达到高校思想政治教育管理的长期供需平衡。高校思想政治教育管理着眼于当下，不可避免地只能保持短暂的供需平衡。大数据技术能够使大学生的思想动态需求侧与管理者的供给侧同步发展，最终达成长期的供需平衡。

3. 大数据精准提升管理工作效率

大数据最大价值的就是能够提升工作效率。高校应将大数据真正运用在实践中，发挥其本身所具有的效用，从而推动高校思想政治教育管理工作落小、落细、落实。

第一，大数据能够减少工作时间，进而提升高校思想政治教育管理工作效率。大数据技术实际上是科学技术的体现，将大数据技术运用于高校思想政治教育管理工作中，实质上是将科技的力量融入其中，提升高校思想政治教育管理的工作效率。科学技术是第一生产力，技术手段的融入为管理活动提供了较为合适的数据获取、数据处理、数据分析的途径。对高校思想政治教育管理而言，利用大数据技术能够方便、快捷地获取大学生的数据信息，根据数据与数据之间的关联性，能够挖掘大学生思想动态的变化以及现实的境遇情况，这对高校思想政治教育管理者而言大幅度缩减了工作时间，提升了工作的精准性。

第二，大数据推进高校思想政治教育管理工作质量的提升。管理工作不仅要看数量，更需要看质量，质量的提升对高校思想政治教育管理工作具有重要作用。大数据能够积极响应大学生的思想需求，预测大学生提出的思想政治教育活动的诉求，以便及时地为大学生提供相应的思想政治教育服务，使思想政治教育工作者能够挖掘大学生的现实需求，将对大学生的思想政治教育工作从事后转为事前与事中。

第三，大数据有利于分析高校思想政治教育工作的未来发展趋势，引导高校思想政治教育工作向着更人性化、更有温度的方向发展。高校思想政治教育工作的主要对象是大学生，大学生群体的需求不仅在课业、生活方面，也有感情需求。在对大学生进行思想政治教育工作时，管理者要从人性化的角度出发。大数据本身拥有巨量数据资源内容，不具备价值就像其本身不具有人性力量一样，但是人作为管理的主体，在对数据进行合理分析后能够得出数据背后的信息。根据信息对学生展开合适的管理活动，甚至能够做到为不同特点的学生制定不同的管理方式，有针对性地开展高校思想政治教育活动，使之朝着更人性化、更精准化、更有温度的方向发展。

四、教育人工智能

（一）人机协同增强了思想政治教育主客体交互

在教育人工智能时代，人机协同这一特征表现得越来越明显。简单来说，人机协同就是使人与机器和谐共处，让智能机器人和人分别从事自己擅长的工作，从而使人类生活得更好。在高校思想政治教育工作中，人机协同能够有效地增强思想政治教育主体和客体交互，从而开启高校思想政治教育工作主客体交互的新境界。

教育人工智能时代，每个人拥有平等的地位，他们获取信息和知识的方式更加便捷。随着受教育者获取信息渠道的不断扩宽，信息量逐渐增多，他们的自主、批判和创新意识逐步提升，对思想政治教育工作者的回应也日渐突出。同时，教育人工智能技术应用于高校思想政治教育工作中，实现了思想政治教育工作线下线上协同开展，主客体之间的互动交流越来越频繁，互动关系也朝着互动双方发展，这样有效地消解了主客体之间的单向关系。此外，教育人工智能通过对人们数字化的状态进行掌握和分析，能够实现对个体或群体思想动态的掌握。在思想政治教育过程中，教育人工智能技术能够助力高校思想政治教育工作者对受教育者进行全方位了解，把握受教育者的特定需求，从而做到因材施教、个性化施教，为消除“教”与“学”的单向关系提供技术支持。

（二）智能识别与推荐促进了受教育者的个性化学习

实施个性化教学，促进受教育者实现个性化学习，是增强思想政治教育工作吸引力和实效性的内在需要。但是，由于高校思政课师资队伍不够壮大，教学活力稍显不足，因此，在很长一段时间内，都采用“大班制”的教学模式，这在一定程度上忽略了高校学生的个性化学习需要，使得教学效果无法得到有效保证。在教育人工智能时代，智能识别与推荐技术为受教育者进行个性化学习提供了有效手段。

（三）双师教育优化了思想政治教育资源

在传统的思想政治教育工作中，思想政治教育工作者占主导地位，教育者采取单向灌输的方式向受教育者传播新知识、新理论。通常高校思政课教师的主要任务是审定教材大纲、设计教学环节、创新教学方法、运用教学手段、开展教学实习、实施考核评估等，从某种意义上来说，传统思想政治教育主体具有单一性。然而，随着人工智能技术的飞速进步和发展，以及教育人工智能技术逐步深入地应用于高校思想政治教育工作中，高校思想政治教育工作的主体也开始从单一化走向多元化，单一化教学模式向着多元化的智慧课堂模式转变，实现了双师教育。“双师”指的就是两位教师，在教育人工智能时代，“双师”指的是真实存在的教师与人工智能教师。在教学中，思政课教师和人工智能教师都是以学生为本，进行理论授课。由于人工智能教师不会受到外部环境的限制，也不会受到自身精力和情绪的影响，因此，它可以在任何时间、任何地点进行思想政治教育工作，从而能够更好地满足大学生对思政课的需求。

在高校思想政治教育工作中，环境是保证思想政治教育工作顺利进行的一个十分重要的外部因素。双师教育要想在高校思想政治教育工作中发挥优质的效果，就必须从教师资源与教育资源两方面入手进行优化。一方面，人工智能教师的出现在一定程度上缓解了思想政治教育工作者的教学压力，这样就可以让思想政治教育工作者有更多的时间与精力来提高个人的素质和能力，从事更加有意义、有深度的思想政治教育活动。另一方面，在教育人工智能时代，依托于教育人工智能技术出现了许多别具一格的教育方式，包括虚拟现实（VR）投影等，让学生对课堂充满遐想。此外，双师教育不仅能够在一定程度上缓解我国偏远地区思想政治教育资源匮乏的问题，而且能够使我国偏远地区的教育资源得到充分优化与利用。

（四）智慧课堂完善了思想政治教育评价标准

作为思想政治教育工作非常重要的环节之一，思想政治教育评价能够对思想政治教育工作的效果进行评估和检验，有效地引导思想政治教育活动，从而使思想政治教育工作按照社会所要求的方向进行。然而，在传统的教学体制下，由于学生数量较多，加上受到技术层面的局限，思想政治教育工作者无法及时采集学生在教育过程中产生的数据，这样就缺乏了对思想政治教育过程的评估，最终只能采用单一性、结果性的终极评价方式。同时，思想政治教育评价往往依赖教育者对受教育者的主观性评价，忽视了受教育者自身及受教育者之间的评价，导致评价不够科学合理。久而久之，容易形成片面化、不合理的评价现象，这对思想政治教育工作的长远发展极为不利，影响了高校思想政治教育工作的创新发展。

随着教育人工智能时代的到来，依托于人工智能技术的智慧课堂能够对思想政治教育工作进行全方位、全过程的监督与评价，完善了思想政治教育评价标准，为解决受教育者的评价问题提供了重要支持。

第三章　高校辅导员的工作内容及现状

高校辅导员作为在高校与学生接触最多、最频繁的群体，在大学生心理健康教育、网络思想政治教育、职业生涯辅导中发挥着极其重要的作用。辅导员既是大学生的人生导师，也是其健康成长的知心朋友。本章分为高校辅导员工作的主要内容和高校专职辅导员队伍的建设现状两部分。

第一节　高校辅导员工作的主要内容

一、大学生心理健康教育

（一）大学生心理健康教育的主要内容

1. 大学生心理健康意识的培育

心理健康更多体现在大学生自我认同、自我价值、个体对环境的调适等具体情境之中。目前，我国部分大学生存在无法全面准确认识、了解自我的现象，缺乏心理健康意识的培育，无法正确地评价自己，无法良好地适应环境变化。互联网快速发展带来的成长挑战更要求大学生做好自身心理健康意识的培养，在互联网社交中关注自身思想意识的培育，进行自我教育、自我调适，从而不断进行自我完善。

2. 大学生心理健康知识普及与素质提升

课堂是知识传授的主要场所，大学生心理健康教育的实践工作需要借助课堂主渠道进行知识的传授。现代社会发展需要高校学科建设融合心理健康教育内容，科学设置大学生心理健康教育专业、课程，采用学科建设的方式强化大学生心理健康教育。教师应在课堂中讲述心理学知识，普及心理健康知识，在专业学科知识中融入心理学内容，与学生沟通交流，分析学生出现的心理问题，引导学生运用心理健康知识有效应对和解决问题。高校应开展丰富的心理健康活动，借助讲座、学术交流、宣传等方式进行心理健康知识的普及，向学生系统性地阐述心理健康知识，让学生能够加深对心理健康知识的了解，提高学生自我调节的能力，帮助学生排解消极情绪，促进学生心理素质的提升。

3. 大学生心理困扰的调适与疏导

大学生存在心理困扰是普遍现象，大学生学业困难、经济困难、就业竞争压力大、人际情感纠葛多等问题都会给其带来一定的心理压力，甚至使其产生较高的心理阻抗，因此高校应建立心理健康咨询中心，对学生的心理困扰进行调适与疏导。心理疏导不是简单地进行知识讲座，丰富理论化心理知识、信息，而是进行倾心的社交性谈话。心理疏导不是上对下的教导，更不是批评与指责。大学生心理困扰的调适与疏导是借助心理辅导的方式，有效帮助大学生寻找自己的定位、方向，在潜移默化中帮助大学生从更多的方面考虑问题，发展大学生的自我认识能力、人际关系处理能力、对学习生活环境的适应能力等。

4. 大学生心理疾患的预警与应急

面对一些成长发展中的困惑时，一些大学生往往无法有效地进行调适与处理，从而产生极端的想法。因此高校应建立大学生心理疾患预警与应急预案制度，在新生入学时建立学生心理健康档案，采用心理健康测试的方式，有针对性地开展心理健康的跟踪与定期的心理干预；班主任和辅导员应与学生进行积极沟通，针对心理异常的大学生建立特别档案，采用重点管理的方式，做好心理疾患的预警工作。另外，高校应实施学生心理健康情况报告制度，按照国家相关部门制定的《突发公共卫生事件应急条例》的规定，对突发事件设置应急处置的流程、责任主体、善后处理机制等，针对大学生出现的因心理问题导致的突发事件，及时反映与有效处置。

（二）大学生心理健康教育的基本原则

1. 坚持咨询与自助相结合

马克思主义认为，外因与内因共同推动事物的发展，外因通过内因发生作用，其中内因起决定性的作用。我国关于大学生心理健康教育的研究成果较多，且已经总结归纳出当前大学生心理健康方面比较突出的问题，部分学者也制定了适合中国大学生实际的大学生心理问题测评量表，能够帮助大学生进行自我诊断。大学生采用咨询与自助相结合的方式，将外在的咨询疏导、帮助与内在的自我调适、测评结合，能够帮助自身更加准确地了解自我、了解自己的心理问题，提高心理问题的求助意识，有利于有针对性地开展大学生心理健康教育活动。

2. 坚持普及教育与个别咨询相结合

唯物主义辩证法认为，矛盾具有普遍性与特殊性，大学生心理问题具有共性特点，但是在不同的个体身上凸显不同的问题又具有高度的特殊性。大学生心理健康教育需要坚持共性与个性的辩证思维，在普及教育上需要普及心理健康知识，在个别咨询上需要关注存在心理问题的学生特性，针对有心理疾患的学生，辅导员应采用个别咨询、重点关怀的方式，帮助其走出困境。

3. 坚持课堂教学与课外活动相结合

马克思主义认为，理论源于实践，实践能够丰富与发展理论；理论又指导实践，思想是行动的先导。高校第一课堂是大学生理论学习的主要场所，高校第二课堂是拓展学生素质与提高学生能力的重要途径与手段。将课堂教学与课外活动相结合的方法运用到大学生心理健康教育中，能够帮助大学生更好地实践心理健康知识，将抽象的理论转变为具象化的实践，从而使大学生在课外实践活动中更好地了解心理健康知识，领悟心理健康教育原理。辅导员应以理论指导实践，在课堂教学中融入课外活动，丰富心理健康教育的教学形式，从而提高大学生心理健康教育的质量与效果。

4. 坚持知识学习与能力培养相结合

知识学习能够帮助大学生掌握心理健康的相关理论体系，并能够形成方法论指导大学生进行心理调适。大学生心理健康教育需要坚持知识学习与能力培养相结合的原则，关注学生心理学知识的掌握，同时也要培养学生的心理调适能力和情绪调节与管理能力，使其形成健全人格。

5. 坚持心理健康教育与思想政治教育相结合

心理健康教育与思想政治教育在育人根本目的上具有一致性，大学生的全面发展是高校教育的根本宗旨，帮助大学生塑造健全的人格与良好的道德品质，是二者的重要目的。中共中央国务院发出的《关于进一步加强和改进大学生思想政治教育的意见》中提出思想政治教育需要与心理健康教育结合，帮助大学生树立正确的人生理想与信念，促进大学生健全人格的形成。

在社会快速发展变化的环境下，大学生出现心理压力、抑郁、焦虑、自卑等心理问题时，思想政治教育可以有效帮助大学生以科学的世界观认识世界、以正确的人生观定位自我、以正确的价值观调适自我与环境的关系。

6. 坚持解决心理问题与解决实际问题相结合

高校思想政治教育工作要求培育全面发展的高素质人才，大学生的心理问题很多源于实际问题，如学生的成长环境、文化差异、经济差异、家庭矛盾、考试等学业压力、就业压力、个人情感与社交问题等，都会直接影响大学生的心理变化。辅导员应坚持解决心理问题与解决实际问题相结合的方式，以实际的心理问题诱因为引导，帮助学生剖析自我、分析自我，找寻问题的根源，通过解决这些实际问题来帮助大学生解决心理问题。

二、大学生网络思想政治教育

大学生网络思想政治教育是一种新的教育形态。高校思想政治教育工作可以通过文字、图片、视频等多种方式深刻地展现内容。从狭义来看，我们把整个教育活动置于全媒体时代的社会背景之下，将大学生群体作为教育对象，利用网络这一教育途径，达到思想政治教育的目的。这一界定虽然提供了研究的思路，但并未做到构成有机整体。从广义来看，全媒体时代成为一个空间架构背景，所有能够对大学生进行思想政治教育的要素构成有机统一体，在整个网络环境中不断运转，形成完整的教育活动，必须借助全媒体助力思想政治教育创新。

大学生网络思想政治教育能够充分调动大学生学习的主观能动性。从主观条件上看，大学生群体具备一定的思想品德基础，对于事物有自己的判断力和鉴别力，但易受环境因素的影响。大学时期是大学生从校园过渡到社会的关键时期，这一阶段的社会主义核心价值观教育直接决定了大学生能否成为合格的社会主义建设者和接班人。从上述关于教育活动的定义分析可以看出，网络思想政治教育脱离了考试的压力，更指向一种思想意识的传播形态。大学生喜欢接受新事物，在虚拟网络中可能接收到区别于现实的观点和言论，这为其进行思想政治教育提供了有利契机。网络思想政治教育能够调动大学生的学习兴趣，培养其鉴别是非善恶的能力，能够使其形成符合社会发展要求的思想意识，指导其进行社会实践活动。

大学生网络思想政治教育是指在网络信息全员、全程传播的基础上，包括专职和非专职在内的所有能够施加教育影响的教育主体，对特定教育客体——大学生实施的一定的思想观念、政治观点、道德规范等方面的影响，使其形成符合社会要求的思想政治品德的网络育人过程。

（一）大学生网络思想政治教育的特点

网络时代的到来让思想政治教育从线下走向线上，从显性教育走向隐性教育，具有与以往不同的特点。

1. 教育目的的政治性与隐蔽性

思想政治教育从产生以来一直都是作为统治阶级维护自身阶级统治的工具而存在的，政治性是其本质特征。大学生网络思想政治教育作为网络时代思想政治教育的新兴教育方式，其目的仍然是维护中国共产党的执政地位，维护马克思主义理论的领导地位，维护高校在意识形态领域的领导权，政治性仍然是其突出特征。大学生网络思想政治教育作为我国意识形态工作的重要一环，必须坚持政治立场，强化政治导向，坚持社会主义办学方向，把培养勇于担当时代重任的时代新人作为根本目标。

在传统的思想政治教育中，辅导员普遍采取“灌输”的方式开展教育活动，将一些思想观念、政治观点、道德规范直接地、目的明确地传授给大学生。而在大学生网络思想政治教育中，辅导员大多采取“影响”“引导”等较为隐蔽的方式开展教育活动，实现对大学生思想素质与政治素质的培养。学生可以在微博、微信、校园论坛等网络平台上自由表达自己的看法与观点，辅导员则可以通过这些网络平台了解学生的思想动态变化特点，精准把握学生的精神需求或现实困惑，在网络平台上有针对性地与学生进行平等对话和友好交流，为学生答疑解惑，通过这种良性的网络交流互动对学生进行科学、有效的引导。辅导员还可以在网络平台上定时更新趣味科普视频、特色栏目等，用大学生所喜爱的方式引导和教育大学生，在潜移默化中达到预设的教育目标。

2. 教育主体的虚拟性与平等性

网络具有虚拟性，它并不是以有形的形式存在的，而是以文字、图片、声音等无形的形式存在的，网络用户间的交往行为不需要面对面或直接接触，只需通过数字媒体就能实现。在网络空间中，从事思想政治教育工作的教育主体也具有虚拟性，具体表现为主体在网络空间中的自然属性、社会属性都是虚拟的。自然属性虚拟是指处于网络空间中的教育主体与其自然属性割裂开来，不再是由多个身体组织组成的自然实体，而是由一系列图像、声音、文字等组成的虚拟形象。例如，网络中有人称自己年轻貌美，但网络中的其他人并不能看到其形象，那么这个人在网络中所塑造的年轻貌美这一形象的自然属性实为虚拟的。社会属性虚拟是指网络中的社会关系是虚拟的，处于虚拟网络社会关系之中的教育主体是完全脱离现实社会关系而存在的，不具备成为真正的“人”所需的社会属性。

大学生网络思想政治教育主体除了具有虚拟性，还具有平等性。网络中的每个用户在信息的接收、发布与传播过程中的地位都是平等的，不受现实中的身份、职业、地位的束缚，没有高低贵贱之分。在大学生网络思想政治教育过程中，辅导员的身份较为隐蔽，不再是以往一味对受教育者进行思想灌输的绝对权威，而是与大学生处于平等地位。大学生可以在网络平台上自由表达自己的看法和观点，提出自己的困惑与思考，甚至还能对专家学者的观点进行评论并提出疑问。辅导员可以在网络平台上与学生展开讨论，平等地交换信息、分享资源，对大学生进行引导而不是说服。

3. 教育方式的个性化与针对性

由于传统的思想政治教育会被各种条件限制，所以辅导员一般采取整齐划一的教育模式，这很难兼顾不同学生的学习能力，在一定程度上剥夺了学生自主选择课程内容的权利。网络思想政治教育则运用网络数据库管理技术，为学生的个性化学习提供了可能。它会根据学生的兴趣和需要有针对性地进行思想政治教育，强调个性化教学，从而促进学生的全面发展。由于网络的开放性和虚拟性，人们可以在网络平台上打开心扉，畅所欲言。互联网通过追踪和分析相关的数据，得知每个学生的学习近况和思想动态，并为每个学生量身制订个性化的学习方案，满足学生的个性化需求，真正做到因材施教。思想政治教育工作者也可以从网上收集、整理、分析学生的网帖，了解大学生真实的思想动态，并发布一些积极的、具有正能量的思想政治教育信息来对大学生进行引导，因势利导，增强思想政治教育的效果。

（二）大学生网络思想政治教育的实践路径

如今大学生生活在变革的时代，辅导员要切实转变教育理念，适应时代新要求。同上一代人相比较，这一代人有很大的不同之处，要重新定义教育、知识和学习。因此，高校辅导员必须积极转变工作模式和传统思想观念，要认真研究学生的特点，深入挖掘他们的潜力，拒绝对互联网的不良情绪和抵触心理，要敢于“触网”，善于“织网”。高校辅导员应该具备网络意识，及时了解和掌握网络特征和当代大学生特点，进一步加强网络空间中的教育管理服务，引导广大青年学生勇于表达自己的诉求与理想，敢于展示出当代大学生的精神风貌，要积极引导学生在网络空间中正确认识自己，广泛学习知识，主动提升技能，增强正确的判断和认知能力。辅导员要切实将网络育人的优越性发挥到极致，从而打通“大学生思想政治教育质量提升工程”的“最后一公里”。

1. 建立专业网络思想政治教育工作者团队

教育者是思想政治教育的主干力量，是知识的宣扬者。在工作过程中，教育目标的执行以及教育课堂的呈现形式都是教育者所决定的。辅导员是国家教育方针政策的实施者，他们是学生身心发展的培养者、指引者。辅导员在网络思想政治教育中占据着重要地位。所以当前最重要的是提高辅导员队伍的网络应用能力，需要专业的网络思想政治教育工作者来开展此项工作，这就需要多人员、多方面、多资源地全面合作。同时也需要高校搭建属于自己的网络平台，为辅导员提供一个优质、全面且安全的网络教学环境，还需要辅导员主动地参加相关的网络培训，学会充分利用网络来创新教学方式。只有这样才能最大限度地提高教学效率以及学生对知识的接受程度，也能够改变传统意义上的教学模式及学生思维。

（1）高校搭建网络思政平台，创造教育条件

思想政治教育至关重要，它能够启发学生养成正确的人生观、世界观和价值观。高校要认识到思想政治教育理论课的重要性，要融入时代元素，用网络来活跃思想政治理论课的气氛，激发学生学习的热情。所以，各高校要加大网络平台构建，可以借鉴其他的优秀网络平台，然后结合本校的优势打造独一无二的校园网络平台。各高校也要开发各种媒体资源，如对微信、微博、慕课、抖音、今日头条、学习强国等应用软件进行整合，同时创建属于自己的网络应用软件，整合资料让学生能够更快捷、高效、准确地接受各种信息。各高校也要配备先进的网络硬件及软件，同时要配备相应的人才和必要的设施，加强对教育工作者的网络技术培训，通过专业的培训让每个辅导员都能够熟练地使用网络，了解网络的文化和语言，使他们能够运用网络来了解大学生的心理状况和学习情况，加强与大学生的网络沟通。高校要加大网络平台的资金投入，加强网络的基础设施建设，建设覆盖面广、运行速度快、覆盖全校的校园网。校园网的建设有利于增加学生的学习资源，有利于更新辅导员的教育手段，也有利于让教育向信息化方向迈进，为网络人才的培养提供工作和应用平台。

（2）教育者加强网络培训，创新教育方式

高校要保持与时俱进和积极向上的精神状态，要有现代化意识，重视网络的作用，深刻认识到思想政治教育的重要性和紧迫性。第一，辅导员要转变教育观念。辅导员面对的是朝气蓬勃的大学生，因此在网络上要学会用学生的思维方式

与学生进行沟通，这样才能使教育效率最大化。辅导员要在保持目前的思想政治教育优势的基础上，积极探索网络环境下思想政治教育的特征及新优势，还要尽可能学习新时代网络技术，能够熟练运用、筛选网络资源，同时能够以丰富的网络资源展开教学，提高自身的思想政治理论水平和网络宣传本领。第二，辅导员要改变教育形式。辅导员要把自己最具优势的教学形式和网络这个新形式相结合，让自己的教学更加有特色、更具吸引力，让大学生乐于接受自己传授的知识。辅导员要善于用网络推送与思想政治教育相关的内容，用最受欢迎的形式让大学生接受。辅导员还要充分认识到网络的发展对现在的思想政治教育和大学生思想观念产生的巨大影响，努力创新自己的教育形式。

2. 优化网络思想政治教育内容

（1）倡导内容多样化

思想政治教育的政治性极强，但这并不意味着其教育内容仅仅包含政治教育一个方面，新一代大学生的爱好多样，现实诉求的个性化与多样化明显，这也要求当前大学生网络思想政治教育的内容不能局限于政治教育，在内容建设过程中必须坚持多样化这一重要导向，不断拓展与丰富教育内容的种类，为大学生多样化的成长成才需求提供丰厚的内容滋养。首先，辅导员在网络思想政治教育的内容设计上应当坚持“多元主体”的基本设计原则，从多重价值维度完善教育内容体系。辅导员不能仅仅对大学生进行道德素养与政治素养层面的教育，还应关注大学生的知识需求、能力需求、心理需求等方面，在调整与优化网络思想政治教育内容体系时，应当囊括道德教育、政治教育、心理教育、法制教育、生命教育等多样化内容，最大限度地满足大学生多样化的合理需求，促进大学生群体的多样化成长。其次，辅导员应当把大学生的需求作为调整和优化教育内容体系的出发点和落脚点。辅导员要深刻把握大学生的现实诉求，把大学生个人的成长成才需要与国家和社会的发展需要有机结合起来，有针对性地对教育内容进行优化设计，要灵活运用现代网络信息技术，高效整合各类优质网络教育信息资源至各大网络教育平台中，方便大学生对网络教育资源进行查找、获取与学习，提高大学生在教育活动中的学习效率与获得感，以提升大学生网络思想政治教育的实效性。

（2）凸显内容时代性

网络思想政治教育作为高校“立德树人”工作的重要组成部分，只有始终坚持与时俱进，充分彰显时代精神，紧紧把握新时代的发展脉搏，才能在新时代背景下始终保持蓬勃的生命力，不断焕发出新的生机与活力。如果大学生网络思想政治教育的内容不能从新时代的特征出发，不能反映新时代的时代风貌，那必然会导致大学生网络思想政治教育丧失其吸引力与生命力。因此，当前大学生网络思想政治教育的内容必须凸显时代性，响应建设社会主义现代化强国与实现中华民族伟大复兴的时代号召，为着力培养勇于担当时代发展重任的有用之才提供丰厚的内容滋养。

首先，大学生网络思想政治教育的内容要“新”，要把视野投放在党和国家最新的理论、方针、政策、路线上，以及国内外的最新思想动态上，引导大学生深刻了解党和国家发展的最新情况，深刻把握国内外形势的动态变化，与时代同发展、共进步。

其次，大学生网络思想政治教育的内容要关注现实，从现实生活中选取大学生感兴趣的社会热点问题、社会现象或社会热词作为教育素材，使教育内容既能反映时代特征，又能贴近大学生的实际生活，引导和教育大学生科学分析社会问题，使得大学生在富有时代感又“接地气”的教育内容中受益匪浅，不断提升高校网络育人实效。

此外，高校还要及时更新本校网络教育平台上的相关内容，要维持一定的内容更新频率，保证教育内容能够与时俱进，准确反映当前的社会形势与时代特点，并且要充分保证教育内容的准确性与可靠性，严格审核上传至网络教育平台的教育内容，为大学生深化对党情、世情、国情的认识提供可靠的信息获取渠道。

（3）增强内容吸引力

教育不是灌输而是点燃，教育工作实效性得以实现的关键在于将学生的学习由被动学习转变为主动学习，而实现这一转变的要点之一在于富有吸引力的教育内容。面对富有吸引力的教育内容，学生往往更容易有学习的兴趣，更能调动起自身学习的积极性，增强教育获得感。当前，部分教育内容缺乏吸引力，理论性强且较为老套，难以调动大学生学习的积极性是大学生网络思想政治教育的实效性困境之一。为了突破这一实效性困境，辅导员在加强教育内容设计时应当采取多种方式增强其趣味性和吸引力，让更多的大学生愿意主动接受教育。

首先，辅导员要灵活运用网络技术手段，将枯燥乏味的网络思想政治教育内容用图、文、音频相结合的方式生动活泼地展现出来，增强教育内容的可读性与吸引力，以此激发大学生主动学习的兴趣和热情。

其次，大学生网络思想政治教育的内容要体现人文关怀，充满情感特质，注重大学生的情感需求。大学生网络思想政治教育工作本来就是做人的工作，如果在具体实践中仅仅将知识传授与能力培养作为根本任务，而对大学生的情感需求与价值期望视若无睹，那么它终将会成为一项缺乏人文关怀的教育活动，也必然会让大学生学习的主动性与积极性大打折扣，难以让大学生心甘情愿地去理解、接受与实践。因此，大学生网络思想政治教育必须坚持以人为本的教育理念，在教育过程中充分彰显人文关怀，关心、爱护学生，合理满足其情感需求并正确回应其价值期望，选取具有情感温度的故事作为教育素材，让大学生乐意接受网络思想政治教育，从而提高网络思想政治教育的实效性。

三、大学生职业生涯辅导

大学生职业生涯辅导能够帮助每个大学生深入探索自我，思考自己的价值观，了解自身最看重的职业价值观，培养自身的职业生涯规划意识，理解职业生涯规划对自身的影响，找到自我成长的方法，达到促进大学生进行职业发展规划与行动的目的。

（一）大学生职业生涯辅导的意义

1. 有利于调动大学生的求职主动性

职业生涯辅导更加注重分析大学生的个性，以此为基础，帮助学生树立职业意识、培养职业技能。因此，对大学生进行职业生涯辅导可以引导大学生树立更加明确的主体性意识，在就业阶段以更加自主的心态选择职业，有利于调动大学生的求职主动性。

2. 有助于提高大学生的综合素质

进入大学后，学生的课程选择更加自由，此时对学生进行职业生涯辅导，对他们未来的职业发展是十分重要的。课程自由带来的最直接影响就是增强了学习目标的盲目性，对学生的知识结构形成的影响、能力的弱化作用也更加明显。但从入学开始的职业生涯辅导可以使学生以更具针对性的方式规划自身发展方向，在课程选择上更加系统化，也更具有针对性，为其综合素质的提高提供了有益的帮助。

（二）大学生职业生涯辅导的任务

1. 帮助大学生合理规划大学生活

现代成功学大师和励志书籍作家拿破仑·希尔在《成功定律》一书中也把积极的心态称为黄金定律。也就是说，积极心态会带来积极的结果，凡事保持积极的心态就可以适应环境，反之就会被环境所控制。大学生活短暂即逝，如果没有合理规划，没有积极向上的心态，就很难克服大学生活中有可能遇到的学习困难、情感挫折、求职困难等现实问题。

尽早明确自己的人生目标，根据目标展开有效行动是关键。确立明确的人生目标可以帮助大学生有效地管理时间，提高学习效率；可以帮助大学生认识到自身的不足，从而有针对性地锻炼自我以弥补不足。从心理学角度来看，目的性在人格特质中占有很重要的位置，它可以派生出诸如坚忍、专注、执着、好学等特质。因此，明确的奋斗目标可以让学生学会坚持、学会专注、学会经受挫折、学会锲而不舍。

细节决定成败，态度决定人生，在明确目标后，态度至关重要。埋怨不会改变现实，唯有积极地行动并保持乐观的态度才能扭转事态，从而把握成功的机会。

2. 帮助大学生树立明确的职业发展目标

一些学生将考上理想的大学作为高中时期学习的唯一目标。进入大学后，这些学生在潜意识里觉得应该放松一下，导致没有及时寻找到新的目标而感到空虚迷茫。因此，帮助学生树立明确的职业发展目标很重要，也是辅导员理应承担的责任和履行的义务。

第二节　高校专职辅导员队伍的建设现状

一、高校专职辅导员队伍建设存在的问题

（一）辅导员从业人数相对不足

根据教育部公布的《普通高等学校辅导员队伍建设规定》，高等学校应当按总体上师生比不低于 1 ∶ 200 的比例设置专职辅导员岗位。辅导员的合理配置方式应该是专职为主、兼职为辅的结合，每个学院的各年级均应当合理配置专职辅导员，每个班都需要配备一名专职班主任。然而，在部分高校中，专职辅导员的数量远远低于教育部的规定标准。

（二）辅导员职业素养和专业能力不足

优秀的辅导员是高校思想政治教育的骨干力量，在促进大学生健康成长等方面发挥着不可替代的重要作用，这就要求辅导员全力以赴地工作，具备较高的综合素质。然而，部分辅导员没有接受过专业教育和培训，仅在日常工作中扮演如“保

姆”和“安全消防员”等角色。由于辅导员的责任重大，整天在日常工作中忙于烦琐的事务，很难真正精通基本的专业辅导技能，职业素养和专业能力略显不足。

（三）辅导员职业定位没有得到足够重视

高校辅导员是进行大学生培养教育的主要力量，是最贴近大学生的角色，也是大学生的指导者、组织人。然而，受到多种因素的影响，辅导员职业定位没有得到足够重视。

高校对辅导员的考核常常采取过于宏观的综合考核方式，没有真正体现出辅导员工作和任课教师工作之间的区别，达不到如实地评价辅导员工作的目标。并且部分高校从未单独对辅导员进行考核，所制定的考核标准也不能准确反映辅导员在具体工作中的实际表现。

辅导员的工资待遇和保险制度不健全，工作强度和难度高，工作时间长，发展前景不佳，一般都是身兼数职。这些原因导致他们缺乏归属感，也缺乏全力以赴工作的精神。

二、高校专职辅导员队伍建设存在问题的原因

（一）社会层面

1. 缺乏严格统一的职业资格准入标准

为了推动辅导员队伍专业化、职业化发展，国家出台了一系列关于提高高校辅导员素质的相关文件，这些文件的出台对辅导员队伍的整体发展有一定的积极影响。在具体实施上，我国缺乏相关的配套措施，导致具体政策的实施效果有待提升，各个学校的具体实施情况也不同，在辅导员准入标准上缺乏合理指标。与教师资格证不同，我国没有辅导员资格证，仅仅是对政治面貌有要求，即中共党员或者预备党员，对于其他的有关事项，包括职业资格、学历、职业经验等没有指标要求。

2. 缺乏社会大众的高度认同

高校辅导员也是教师队伍的一员，他们的工作对引导学生树立正确的思想观念具有重要的作用。然而，笔者通过访谈发现，在现实生活中，部分学生家长对辅导员一职缺乏了解，不清楚辅导员在学校里具体承担什么工作职责，甚至有些家长认为高校辅导员如同初中、高中的班主任，对辅导员一职普遍缺乏认知。另外，高校辅导员与教师的身份不同，有些高校将辅导员归类为行政人员，有些将

其归类为教师，有些甚至将其单独归为一类，所以社会上对这一职业缺乏了解，也缺乏认同。在实际生活中，高校辅导员的地位远远低于专业教师，这就导致辅导员群体在工作中很难有获得感，个人很难认同自己的工作，从而丧失了对工作的热情。

（二）高校层面

1. 高校内部缺乏对辅导员思想政治工作的重视

高校是培养专业技术人才的重要摇篮，肩负着为社会培养应用型人才和道德品质良好的社会主义建设者和接班人的使命，国家也一直在强调高校要加强对学生的思想政治教育，但在各大高校的具体落实中，仍然把教育重点放在专业知识和专业技能上，这些因素也是高校之间互相竞争的核心因素，导致高校不断地开展各种技能大赛，特别是教师的职称评定直接与是否有指导学生参加各种比赛、学生在比赛中是否获奖挂钩，这成为教师职称评定一项重要的标准，导致高校的相关工作人员向着专职教师的方向努力，过于重视培养学生的专业知识和专业技能。事实上，这样的发展思路对提升高校的竞争力有明显的作用，但是可能会导致学生在思政方面接受的教育不足。部分高校的思想政治教育只停留在常规的、基本的工作上，而且工作方法较为简单，大多为教育、谈话等形式，学校以及辅导员对学生最大的要求就是其能够平安毕业，这就导致高校思想政治工作走向表面化。

2. 高校领导层对辅导员队伍发展的重视程度不高

虽然国家的有关政策法规都给辅导员的工作思路指明了方向，但是部分高校在具体实践中对辅导员工作不够重视，所谓的辅导员专业化也只停留在口号上，很多关于辅导员队伍建设的工作都流于形式。在上级部门刚刚下达指示的一段时间之内，辅导员的受关注度才能有所上升，或者是上级部门对高校辅导员相关的管理机制或实际工作进行检查和评估时，高校才会对辅导员队伍稍有关注。部分院校没有建立科学完善的辅导员组织制度，也就对其科学化、专业化建设带来了很大的阻碍。

（三）辅导员层面

通常来讲，高校辅导员队伍是一支非常年轻、充满干劲的队伍，年轻的队伍往往最缺乏的就是经验，加之辅导员自身缺乏专业背景，所以更需要加强学习。

部分辅导员缺乏主动学习的态度，安于现状，在工作上得过且过，缺乏干劲。在这部分人中，有些人在辅导员岗位上有几年的工作经验，但是处在职业倦怠期，加之平时工作的时间过长，导致精力不足，所以辅导员自我强化和学习的时间不足。部分辅导员更加倾向于将精力放到提升硬性指标层面，包括提振就业率、防止学生挂科过多等。

第四章　高校辅导员核心职业能力体系

职业能力是完成工作任务所需的知识、能力和素质的总称，是胜任某项工作的才力或条件。辅导员作为高校思想政治教育工作中的关键人物，不但能传授给学生关于思想政治教育的知识，还能影响学生的思维和行为以及发展的高度、广度、深度和精度，因此，我们很有必要对高校辅导员核心职业能力体系进行分析。本章分为高校辅导员核心职业能力结构，高校辅导员的政治引领能力、思想引导能力，高校辅导员的教育感化能力三部分。

第一节　高校辅导员核心职业能力结构

一、高校辅导员核心职业能力内涵

（一）辅导员核心职业能力是专业性职业能力

一方面，将辅导员核心职业能力置于辅导员职业能力体系框架中进行分析，可明确辅导员核心职业能力不是人们通常所说的核心能力（通用职业能力），而是专业性职业能力。一般来讲，人们都认为核心职业能力是通用的、可迁移的、基础性的能力。但是，辅导员核心职业能力是专业性职业能力，而不是通用职业能力。通用职业能力的重要作用无可厚非，尤其是在当今工作岗位频繁变动的时代，通用职业能力在人们的生活中发挥着极其重要的作用。但是，这些通用职业能力主要是以一种工作态度、工作方法、工作智慧的形式出现，并需置于其他的专业性职业能力中才能发挥作用。其实，人们通常所说的核心能力，即通用职业能力，都要依存于专业性职业能力才能发挥出它的效用。不过专业性职业能力本身就包含着通用职业能力，即专业性职业能力本身就包含着人们通常所说的核心能力。辅导员核心职业能力是其履行辅导员岗位职责的能力，其作用对象直指辅导员岗位职责的关键部分，因此它不是通用职业能力，而是专业性职业能力。辅导员核心职业能力与专项发展职业能力都是专业性职业能力，只是它所发挥的作用更重要，所以在辅导员职业能力结构中位于轴心位置。

另一方面，根据辅导员职业能力体系，从辅导员核心职业能力概念的演化角度进行分析，同样表明辅导员核心职业能力是专业性职业能力。辅导员核心职业能力是其履行辅导员岗位职责所需具备的能力，也是完成辅导员职业任务所需具备的最重要的职业能力，它由“职业能力—辅导员职业能力—辅导员核心职业能力”思路演进而来，而不是由“核心能力—核心职业能力—辅导员核心职业能力”思路发展而来，它重点突出的是完成辅导员职业任务所应具备的最重要的职业能力，而且它侧重于强调辅导员职业能力的专门性与专业性。因此，从辅导员职业能力体系框架来看，辅导员核心职业能力与通常意义上所说的核心能力（通用职业能力）是两个完全不同的概念。专业性职业能力是对辅导员核心职业能力的属性定位。

（二）辅导员核心职业能力是统领性的职业能力

在功能上比较辅导员核心职业能力与非辅导员核心职业能力之间的差异，以此来把握辅导员核心职业能力的实质。通用职业能力是基础性的职业能力，专项发展职业能力是拓展性的职业能力，而辅导员核心职业能力是辅导员职业能力体系中处于核心地位、起着统领作用的职业能力。相较于通用职业能力、专项发展职业能力，辅导员核心职业能力具有更重要的功能。从职业能力的功能上讲，辅导员核心职业能力在辅导员职业能力体系中处于统领地位，它不同于处于基础地位、拓展地位的职业能力，具有比非辅导员核心职业能力更重要的功能。

（三）辅导员核心职业能力是履行首要岗位职责所要具备的职业能力

辅导员开展的工作、履行的职责也是有意识、有目的的实践活动，辅导员在从事具体工作时总是遵从于其所做出的抉择。任何过程如果有多数矛盾存在，其中必定有一种是主要的，起着领导的、决定的作用，其他则处于次要和服从的地位。因此，研究任何过程，如果存在着两个以上矛盾的复杂过程，就要用全力找出它的主要矛盾。捉住了这个主要矛盾，一切问题就迎刃而解了。也就是说，人们在任何实践活动中都要善于运用对立统一的法则，运用唯物辩证法的思维来抓住主要问题和问题的主要方面，切勿“因小失大”。

在辅导员的工作任务中，虽然没有与之对应的非常明显的主要矛盾与次要矛盾、矛盾的主要方面与矛盾的次要方面，但一定有处于第一位的、最重要的职业任务，这就是“首要岗位职责”。而与之对应，就有“次要岗位职责”。在工作实践中，辅导员如果不能完成这些处于首要地位的岗位职责，则无法完成职业使命。如果辅导员只是完成了处于次要地位，甚至本来就不是辅导员岗位职责的事务，那么他就没能履行辅导员的职业使命。推及辅导员的职业能力，如果辅导员所具备的职业能力只能使他胜任次要的岗位职责，甚至是完全不具备胜任辅导员岗位职责的职业能力，那么辅导员的职业任务就得不到履行，该辅导员就不是合格的辅导员，就不具备担任辅导员的资格。如果辅导员具备了履行首要岗位职责的职业能力，则该辅导员就能完成职业任务中最关键、最重要、最核心的内容。辅导员只有具备了履行首要岗位职责的职业能力，在开展工作时才不至于力不从心，才不会偏离“本”。从这个角度上讲，只有具备了核心职业能力的辅导员，才称得上是合格的辅导员。正是基于职业能力是从业者完成职业任务而应当具备的能力，辅导员核心职业能力是针对辅导员履行首要的辅导员岗位职责而言的，而不是针对其履行次要的辅导员岗位职责而言的。

二、高校辅导员核心职业能力特征

（一）政治性特征

高校辅导员核心职业能力的政治性特征源于它的职业起源和时代影响。辅导员这一岗位的设立，是中华人民共和国成立初期高校思想政治教育工作的需要。“政治辅导员”的出现，体现了中华人民共和国成立初期的社会意识形态的根本要求，源于党和国家对教育事业的工作期许，反映了国家在精神层面的战略要求。

《普通高等学校辅导员队伍建设规定》中在辅导员的选拔要求和工作职责等多方面都规定了其应具有政治专业性、政治使命感。高校辅导员的工作对象是国家的未来，是具有较高专业素养和文化水平的优秀人才。因此，高校辅导员核心职业能力的政治性将是首要的属性特征，要求他们以高校思想政治教育工作为本位工作，提高政治站位，用多种方式直接或间接地引导大学生形成正确的政治思想和价值观念，帮助高校学生全面发展。

（二）教育性特征

本质上，教育性是辅导员核心职业能力的根本性特征。从职业目标和工作内容两方面来说，高校辅导员最根本的工作职责就是对学生进行思想政治教育，而进行思想政治教育的根本目的是提高学生的思想道德素养。

辅导员职业能力的教育性，是其职业化的动因，也是其走向专业化的基础支撑。从岗位归属和职业组成两方面分析，辅导员是高校教师队伍的一员，是教师队伍中一个具有鲜明教育特色的人员集合体。辅导员所从事的事业叫作教育事业，所承担的任务叫作教育任务。

2020年，教育部颁布的《新时代高等学校思想政治理论课教师队伍建设规定》指出积极推动符合条件的辅导员参与思政课教学。这一要求的提出体现了越来越多的高校辅导员除承担学生的日常生活教育外，也承担了学生的课程教学任务，更加深化了其职业能力的教育性要求。无论是思想政治教育还是心理素质教育，辅导员所扮演的角色都是教育者。高校辅导员通过发挥自身的教育性核心职业能力，如专业知识技能和心理素质能力等，完成对大学生的人才教育引领，并在这一过程中不断地提升自身的教育能力，以满足不同时代要求下对高校人才的培养。

（三）人性化特征

辅导员是和学生接触最多的一批人，在学校既从事教书育人工作，又从事管理育人和服务育人工作，在学校、企业和家庭中发挥重要作用，是全过程、全方位育人的综合体。重要的育人岗位决定了辅导员重要的育人角色，他们在工作中会付出更多的耐心、爱心和细心，因此他们在工作中更多地被学生称为“某哥”“某姐”或“某妈”，这样的称谓也反映了辅导员核心职业能力更具有人性化特征。这其实是一种非正式的、拟亲化的关系，只有辅导员和学生关系亲近了，辅导员才能走进学生的内心。

辅导员和学生之间的这种师生关系不是一种正式的职业关系，如果辅导员摆出一种正式的权威姿态，学生就会躲着他，这样辅导员就无法触及学生的内心，也不能与他们建立密切的关系。正是通过建立这种非正式的、拟亲化的关系，辅导员才能获得学生的信任，才能参与到学生的成长中，因为辅导员和学生不是“我”与“他”的对立关系，而是“我”与“你”以及“我们”的关系。

除了在称呼上建立非正式的、拟亲化的关系之外，辅导员在工作中应更有耐心，用更加柔和的手段开展学生工作。辅导员在工作中只有突出人性化这一特点，才能更好地走进学生内心，激发他们的自信心，培养他们成人成才。正是在和辅导员的交往中，学生得到了鼓励和赏识，发现了自己的优点，发掘了自己的潜能，开始自信、健康、阳光地生活。

（四）管理性特征

辅导员的职业活动即对高校学生的日常管理活动，是一特定职业人群对另一社会活动群体的实践管理。高校辅导员是高校学生工作队伍中最基层的管理人员，他们向上直接面对高校日常学生管理领导和部门，向下直接面对被管理人员，即学生群体。辅导员作为基层工作人员，既要向上级领导部门汇报学生的近期及本学期情况，掌握学生的思想动态和行为习惯；又要向下级被管理者传达教育工作要求和各项规章制度，深入学生中间了解学生的现实情况，解决学生提出的各种问题，以维持高校教育工作的有序进行和教育事业的稳定发展。

（五）综合性特征

无论是对人的管理还是对人的教育，自然人的复杂属性都决定了扮演“管理者”和“教育者”两种角色的高校辅导员的核心职业能力要求，尤其是他们的工作对象是处在人生观、世界观和价值观等形成和改变的关键阶段的高校学生群体。

在日常学生事务管理层面，高校辅导员应当具有较强的组织能力和管理能力。在与学生的日常沟通和交流中，辅导员的语言要具有艺术性和科学性，看待和解决学生的困境和问题时，要结合多方面考虑。辅导员要能够应对学生中出现的突发危机事件，体现维稳的职能作用。

思想政治工作内涵丰富，可以上升到社会政治形态层面，也可以直击社会人的个体素养层面，涵盖范围广阔，涉及政治发展需求、思想价值引领、道德观念形成、精神文明体现等多个方面。

随着社会的不断进步和教育事业的不断发展，在当前新时代背景下，辅导员不应只是完成基本工作，更要提升自身的专业知识水平，提高科研创新能力，实现自我价值，追求个人与高校的共同发展。这都体现了辅导员核心职业能力的综合性特征，即实现集综合管理与综合教育于一体、以综合发展与综合创新为目标的新时代高校辅导员核心职业能力的综合攀升。

三、高校辅导员核心职业能力结构体系

（一）思想政治教育能力

思想政治教育能力是指实施思想政治教育的能力。在一定教育背景下，根据正确的教育方向，辅导员能够用科学的思想观念、相关时事政治理论以及相应的校纪校规和法律法规，对学生开展有目标和有规划的教育教学和指导活动，对学生产生的影响也是有目的性的，而不是盲目的。在这个过程当中，学生所形成的思想道德素质和文化修养也一定是符合社会发展要求的。

辅导员不仅要尽全力去了解学生日常的思想动态，还应该积极参与到相关课程教学中，如形势与政策课程。随着网络空间的扩大，辅导员需要对学生所关注

的时事热点做一个基本的解释，即要对学生进行有针对性的、正确的思想引导，这就体现出辅导员在思想方面的价值引领能力。

在信息技术飞速发展阶段，很多先进的新媒体，如人们熟知的微博、微信、学习强国等应用软件，与人们的生活、学习、工作息息相关，辅导员应该利用这种优势开展教育教学指导活动，将其变成对学生进行思想政治教育活动的工具之一，培养学生的文化自信，弘扬新时代的主题思想，体现出辅导员的综合能力和运用转化能力。

（二）党团和班级建设能力

党团和班级建设能力实际上就是辅导员在开展党建、团建等一系列活动中体现出的管理能力、协调能力和创新能力。但需要认识到，由于活动的复杂性，单纯依靠辅导员负责组织活动显然是不现实的，要想保证活动顺利进行，还需要组建一支高素质的班干部团队，因此辅导员在新生入学阶段就需要积极开展对优秀学生干部的甄别、培养工作。辅导员应当引导学生干部树立为班级服务的正确理念，同时还应要求学生干部能够主动参与到党建、团建和班级建设等活动中。

在大学阶段，不仅班级能够为学生的发展提供广阔的空间，党团组织同样对学生的发展起着至关重要的作用。学生生活习惯的形成、学习态度的转变等均在很大程度上受到党团组织潜移默化的影响，因此在这一过程中，辅导员应通过党建等一系列活动引导学生树立科学健康的思想观念，通过团日活动加深对学生的认知和了解，为学生提供必要的关心和爱护，通过班集体活动培养学生的集体意识、合作能力，实现学生个人发展目标与党团组织发展目标的协调统一，使其主动为班级建设贡献力量，进而为教育教学和日常管理工作的落实提供相应的支持和帮助。

（三）专业指导能力

辅导员的工作繁多，内容涵盖了很多方面，其中包括学生的日常事务管理、学业就业指导、交往指导、心理辅导、党团建设、班级建设等。

在新时代，大学生有更多的机会接触到新事物，他们拥有更广阔的视野，也会面临更多的诱惑和选择，同时他们的分辨能力有待提升，因此他们要承受的压力也比较大。在完成学校规定的日常管理事务的同时，辅导员还需要对学生在学习、日常生活、恋爱交往、就业、心理等方面进行良好的指导，这就对辅导员提出了更高的要求。

辅导员是多才多艺的人，应广泛涉猎各种学科知识，以提高对学生的引导能力。与此同时，辅导员要具有时代预见性。新一代的大学生都是新媒体的支持者，互联网对他们的影响不可小觑，因此辅导员要持续强化对新媒体技术的学习，提升自己的网络鉴别能力等，在面对学生群体的网络突发事件和危机事件时，能给予及时、有效的防范和应急措施。

（四）心理健康教育与咨询能力

新时代，随着社会的进步和发展，人们对大学生的要求越来越高，相对于以往的大学生，现如今的大学生在生活、学业、就业等方面的压力更为突出，因此对大学生的心理健康教育也越来越受到相关部门的关注。大学生的主要时间都是在学校里度过的，不管是在日常生活还是在学习中，和学生交流互动最多的都是辅导员，而且最了解大学生的心理状态的也是辅导员。现在的辅导员大多数是刚刚毕业的硕士研究生，与大学生年龄差距小，不会有太大的代沟。作为和大学生关系最为密切的人，辅导员在大学生遭遇挫折时，要对他们进行及时、正确、有效的心理指导，要让大学生能够直面挫折、正确看待生活中的问题，以此促进大学生身心健康发展。

（五）危机事件处理能力

关于危机事件的应对，主要是指辅导员能够妥善处理学生在生活中或者进行集体活动时所发生的危机事件，并且防止其对教学工作和师生生活秩序、学校声誉造成不好的影响，这里主要体现的是辅导员的控场能力和处理能力。目前，部分高校发生了一些有损学风、校风的事情，这些事情都与学生的学习和生活息息相关，也成为校园环境安全系数有待提高、校园环境不稳定的重要症结之一，所以相关部门必须谨慎对待和妥当处理危机事件。面对这样一个多变的环境，辅导员作为与学生交往最为密切的角色，在处理相关问题时一定要坚持以人为本，以大学生的利益为主，在切切实实维护学生的合法利益的同时，更要努力保护学生的生命安全、积极维护学校的和谐环境。

（六）职业规划和创业就业指导能力

职业规划和创业就业指导就是要求辅导员帮助大学生根据个人的兴趣爱好、个人所具有的专业能力以及个人的发展目标等进行合理的职业生涯规划，同时关注市场对人才的需求，结合现阶段的就业状况，整合不同专业的市场就业信息，帮助毕业生处理好与就业相关的一系列问题，做好相关的就业指导服务工作。

大学阶段是大学生为以后进入社会获取就业机会、获得未来职业发展进行知识积累和沉淀的重要阶段，在此期间辅导员应当对大学生进行系统、科学、正确的就业指导和相关职业咨询，这样不仅能够帮助大学生在找工作时少走弯路，更有助于为大学生以后的整个职业生涯发展打下良好的基础和找到正确的方向。辅导员在大学生健康成长的过程中担任着重要的角色，既是教师也是管理者，具有双重责任，因此对大学生在就业和创业方面进行一定的指导也是辅导员的工作任务的重要内容之一。

（七）网络思想政治教育能力

网络思想政治教育能力要求辅导员依托校园网络将新时期涌现出的一系列优秀文化、思想呈现给学生。另外，在互联网平台的支持下，辅导员应促进自身工作渠道的拓宽，如利用互联网与学生进行沟通。现阶段，网络已经逐渐融入大学生生活和学习的各个方面，某些性格内向的大学生可能更偏向于利用网络与辅导员进行互动和沟通等。辅导员需要对网络最新信息有及时全面的掌握，并在此基础上对该信息可能给大学生造成的影响进行识别与评价，通过线上线下多种渠道和方式及时把握学生的网络动态，如通过微信朋友圈了解大学生近期的情感和生活状态，进而及时帮助学生解决一些力所能及的问题。辅导员在线下应当教育学生在网上树立自我保护意识，同时加强自我约束，以避免大学生出现违法违规的网络行为；同时对学生普遍关注的社会热点做出客观评价，并对学生的认知展开积极正面的引导，以保障学生能够对网络舆情保持清晰认知。不仅如此，作为一名合格的辅导员，还要具备应用现代信息技术的能力，凭借自身在思想政治教育实践中积累的丰富经验，对网络媒体传播的内在机制进行深层次剖析，在此基础上确保网络思想政治教育任务能够顺利完成。

第二节　高校辅导员的政治引领能力、思想引导能力

高校辅导员作为大学生最贴心的人，其所应具备的政治引领能力、思想引导能力是成为合格辅导员的基本条件。

一、政治引领能力

习近平总书记在全国组织工作会议上强调，要加强对人才的政治引领，做好各类人才教育培训、国情研修等工作，增强他们的政治认同感和向心力，实现增人数和得人心有机统一。新时代贯彻党的教育方针，要坚持马克思主义指导地位，

贯彻习近平新时代中国特色社会主义思想，坚持社会主义办学方向，努力培养担当民族复兴大任的时代新人，培养德、智、体、美、劳全面发展的社会主义建设者和接班人。做好大学生政治引领工作，要聚焦高校辅导员岗位的政治属性，突出时代感和感召力。

（一）政治鉴别能力

1. 是非明辨能力

是非明辨能力是指辅导员坚守政治立场、守住正确政治方向所要具备的能力。复杂的意识形态环境客观要求辅导员具备是非明辨能力。当前，我国已形成了以社会主义核心价值观为主导的社会主义意识形态。面对错综复杂的国际形势和复杂的意识形态环境，辅导员必须具备是非明辨能力。

辅导员具备是非明辨能力，要以正确理解是非为前提。只有正确理解是非，才有可能正确明辨是非。是非明辨能力中的是非即通常所说的大是大非。有研究者从哲学的角度出发，从真理的绝对性和真理的相对性两方面理解大是大非。从强调真理的绝对性的角度理解大是大非是讲政治、讲立场，即针对社会主义国家的基本性质，针对共产主义的基本原理，针对为人民服务的革命宗旨等要坚持立场。从这个意义上讲，大是大非就是一个国家和政党发展的基本方向、基本道路、基本准则和基本利益，在我国就表现为坚持“四个自信”。针对强调真理的相对性而言，就是要求人们用发展的眼光理解大是大非。从这个角度来讲，大是大非在不同阶段有不同的内涵和表现形式。例如，在新民主主义革命时期，面对严峻的政治形势，当时的大是大非就是坚持以阶级斗争为纲和无产阶级专政的路线；在改革开放初期，大是大非就成了必须坚持改革开放以及坚持四项基本原则，为社会主义现代化建设提供坚强的政治保证。

总之，对是非的理解首先要保证基本的政治立场不动摇，同时又要与时俱进地、发展地看问题，不能立场不坚定。坚守基本的政治立场不动摇，又结合新时代特点与时俱进地理解是非，是辅导员具备是非明辨能力的根本。辅导员应正确理解是非，培养自身的是非明辨能力。

2. 政治研判能力

政治研判能力是指辅导员对各类影响或可能影响学生政治安全的相关信息做出分析判断所必备的能力。辅导员的政治研判能力就是要求辅导员利用马克思主义这个武器去辨别、分析真假问题，并对影响学生政治安全或者可能影响学生政治安全的复杂情形做出客观的判断。科学判断是事业成功的基本前提，这是党在革命、建设和改革中积累的成功经验。

作为一名辅导员，其政治研判能力着重体现在能对已经影响学生或者可能影响学生的政治安全相关信息做出及时、准确判断的能力，既不能看不见、看不懂、看不透涉及政治安全稳定的大事，也不能把一些常态性问题无限夸大。

（二）政治把控能力

1. 政治洞察能力

政治洞察能力是指辅导员敏锐洞悉各类影响或可能影响学生政治安全的相关信息的能力。

辅导员要有敏锐的政治洞察能力，从狭义上讲，首先要善于观察问题。辅导员要时刻保持头脑清醒，时刻站在党和国家的立场，以及高校思想政治工作的角度看待和分析问题。其次要善于抓住关键问题。存在于学生群体中的问题很多，有些是事关学生成长成才的“大”问题，有些是具体的、实际的“小”问题；有些是复杂的问题，有些是简单的问题。辅导员在把控学生的思想动态时，要善于抓关键问题，抓“大”问题，抓本质问题。

从宏观角度出发，辅导员要能够熟练运用马克思主义理论看问题。当今社会，学生接收信息的渠道十分广泛。网络中的信息良莠不齐，生活中也不乏交杂是与非、对与错、美与丑、善与恶的社会现象。高校辅导员要直面这些问题，要学会运用马克思主义理论这一认识世界、改造世界的强大思想武器。辅导员要善于运用马克思主义理论，观察和分析社会经济、政治和思想文化领域的各种现象，正确分析各种社会矛盾，思考其可能带来的社会政治影响，并以正确的政治态度对学生展开思想政治教育。在面对尖锐敏感的问题时，辅导员要看到其背后更深层次的政治方向原因，运用通俗易懂的语言讲清楚现象背后的本质。辅导员越能够熟练运用马克思主义理论看问题，就越能够有效地提升政治洞察能力。

2. 舆论引导能力

舆论引导能力是指辅导员对学生进行舆论宣传、舆论导向和舆论指引所必备的能力。辅导员的舆论引导能力是政治引领能力的重要组成部分。对舆论的引导，大至国家，小至一个组织和团体，都事关安全与稳定。对舆论的引导，包括对舆论的宣传、导向和指引。一直以来，对舆论的引导工作都是党和国家的重点工作，并且积累了丰富的舆论引导先进经验。辅导员所担负的舆论引导任务，主要是针对学生群体的舆论引导。要想做好舆论引导，辅导员需注意把握以下四个方面。

（1）善于处理好具有不同利益诉求的学生之间的平衡

人们对利益的追求是最基本的需要。引发舆论的根本原因在于利益问题，引导社会舆论必须重视社会利益诉求。对学生而言，引发危机事件的因素往往是利益问题。不同的学生有不同的利益诉求，尤其是在学校公共资源有限的情况下，如果辅导员在学生群体之间的利益协调不合理，不能实现学生利益的平衡，容易引发舆论不稳的问题。例如，学校出于房源整合和学生管理需要组织宿舍搬迁，学生难免有怨言。如若这部分学生又受到其他因素的影响和刺激，为发泄对搬迁宿舍的不满，就容易诱发舆情。对于不同利益群体的诉求，辅导员应当畅通学生表达利益的渠道，主动倾听他们的呼声，积极引导，在加强利益群体间的对话中壮大主流思想舆论。

（2）正面宣传教育与反面批评相结合

对于舆论的引导，辅导员不仅要从正面进行积极引导教育，也要善于运用反面材料进行批评教育。用反面材料进行批评教育，同错误思想作斗争，就能进一步增强大学生在思想上的免疫力。因此，辅导员对学生的舆论引导需要将正面宣传教育与反面批评相结合。

（3）把体现党的主张与反映学生心声相结合

辅导员开展舆论引导工作就是要体现党的主张，同时又不能忽略对学生利益的满足，即实现正确导向和通达社情民意的统一。这要求辅导员有大局观念，从整体出发，切忌为满足学生私利而违背教育宗旨、党的主张，同时又不能完全不顾学生的利益诉求。

（4）积极进行社会主义核心价值观的宣传和引导

在新时代，一切工作都要围绕实现中华民族伟大复兴的中国梦目标，要将学生的思想统一到社会主义核心价值观上，共同营造安全稳定的良好环境。

二、思想引导能力

（一）价值引领能力

1. 价值洞察力

价值洞察力是指高校辅导员把握时代脉搏、洞察学生特质的能力。辅导员与学生朝夕相处，彼此之间形成了成长共同体，这是辅导员洞察学生需要，能够与学生同向同行的得天独厚的条件。辅导员要具备一定的知识能力，能够准确地把握时代脉搏，才能进一步引导学生正确认识世界、了解世界；与学生同向同行需要辅导员掌握学生的成长发展规律，及时洞察学生思想行为和价值选择的变化。价值洞察力要求高校辅导员做好把握时代脉搏、洞察学生特质两方面的工作。

（1）把握时代脉搏

习近平总书记强调，做好高校思想政治工作，要因事而化、因时而进、因势而新。当前国际形势异常严峻，多元社会思潮复杂多变，现代信息技术迅猛发展，各种信息肆意奔涌，辅导员的价值引领需要做到遵循“因事而化、因时而进、因势而新”的“三因”理念，着力破解价值引领工作中的新问题，洞察新变化。这要求高校辅导员有立足时代发展的高站位，把握时代脉搏，科学地判断当前发展形势，全面贯彻落实党的教育方针，做到了解新形势、探索新方法、破解新问题，紧跟时代发展大势，更好做到引导学生、服务学生和管理学生。

（2）洞察学生特质

当代大学生呈现出思想特点活跃化、价值取向多元化、价值主体个性化与自我意识突出化等基本特点，因此，高校辅导员要深入学生的生活与学习，走进学生的内心，能够在学生价值选择出现迷茫时提供指引与帮助。当学生出现错误的价值认知时，辅导员应及时发现并给予疏导，这样就可以将学生错误的认知进行消除，避免严重的错误行为发生，因此高校辅导员需对学生的特质具备一定的洞察能力，把握学生的成长规律，敏锐感知学生价值观的变化，关照整体、关注个别，对学生的价值选择和价值需要进行深入的了解和分析，从而增强价值引领工作的针对性和有效性。

2. 价值凝聚力

价值凝聚力是指高校辅导员凝聚思想共识、对话成长困惑的能力。此能力在于高校辅导员能够贴近生活、贴近实际、贴近学生，凝聚学生的思想共识，引领和整合多样化的价值观念。同时，此能力还要求高校辅导员精准有效地解决学生的思想困惑，对话学生的成长烦恼，传授给学生解决问题的方法，增强学生解决问题的能力。价值凝聚力要求高校辅导员做好凝聚思想共识、对话成长困惑两方面的工作。

（1）凝聚思想共识

每一位大学生都是发展中的个体、独立的个体，因此高校辅导员开展价值引领工作要坚持以学生为本，允许学生表达不同的观点，关注学生的个性需求，让大学生群体因为共同的价值目标结合为一个有机整体，实现凝心聚力。凝聚思想共识要求高校辅导员在日常工作中，做到采纳并集中学生的意见和建议；在班级内部，建立共同奋斗目标并将之作为奋斗的动力源和方向标；面向学生，把党的政策方针宣传、解读好；在解决问题时，针对学生出现的不同问题采用不同方式，从而纾解学生情绪，把凝聚思想共识落到实处。

（2）对话成长困惑

“后真相”时代网络信息瞬息万变，价值观念复杂多变，大学生心理的发育速度未能和生理发育速度达成一致，虽然已经具备了成年人的身躯，但还具有较强的可塑性与不确定性，在日常的生活和学习中，容易产生思想的迷茫与价值选择的困惑。高校辅导员需要具备纠正大学生的错误思想观念的能力，这要求高校辅导员在解决学生的思想困惑时，要了解学生的所思所感所悟，真正走进学生内心，成为学生的“人师”。在消解学生错误的思想价值观念时，首先要求辅导员紧紧围绕社会主义核心价值观，从思想观念和价值选择上着力引导学生，对于任何弱化、否定、消解社会主义核心价值观的错误观点都要及时揭露、敢于亮剑，利用多种方式加强大学生的鉴别与辨析能力，使学生明确什么是需要弘扬与践行的、什么是需要舍弃的，为学生当好价值航标，使其树立正确的价值观。

3. 价值牵引力

价值牵引力是指高校辅导员弘扬榜样文化、引导价值践行的能力。这种能力需要高校辅导员引导学生弘扬真善美，组织学生向榜样学习，发展学生的综合素养，同时需要对学生的思想进行领航，对学生的行为进行引导，使学生能够在行为上自觉践行社会主义核心价值观。价值牵引力要求高校辅导员做好弘扬榜样文化和引导价值践行两方面的工作。

（1）弘扬榜样文化

伟大时代呼唤伟大精神，崇高事业需要榜样引领。此观点突出了榜样引领的重要性。社会主义核心价值观是榜样文化的核心，榜样文化则是社会主义核心价值观的优良载体。高校辅导员在学生群体中弘扬榜样文化，是从思想上和价值上对学生进行牵引，可在无形中激励学生争相学习和传承。这要求高校辅导员身先示范，具备独特的人格魅力，对于身边的榜样典型，能向学生弘扬优秀学生榜样的可信、可见、可学的成长事迹，对于国家和社会树立的榜样典型，能完善榜样的宣教方式，活化榜样事迹传播的载体，优化榜样学习的环境，切实注重并发挥榜样文化在培育和践行社会主义核心价值观方面的引领作用。

（2）引导价值践行

习近平总书记指出培育和践行社会主义核心价值观，贵在坚持知行合一、坚持行胜于言。引导价值践行是高校辅导员价值引领能力的重要组成部分，只有引导大学生产生价值行为自觉，社会主义核心价值观的育人效果才能体现出来。辅导员的言谈举止、思维方式和价值理念对大学生的影响都是潜移默化的，这要求高校辅导员首先做到言行一致，主动成为社会主义核心价值观的坚定信仰者、积极教育者和模范践行者，时刻注意自己的言谈举止，发挥引领示范作用，成为学生道德的典范与人格的楷模，让学生深刻领悟到社会主义核心价值观的魅力并深入理解，进而将社会主义核心价值观内化为学生的情感认同，外化为学生的行为实践。

（二）理论宣传能力

1. 理论传播能力

理论传播能力是指辅导员完成广泛深入的理论宣传所必备的能力。对辅导员的理论传播能力的理解，不能简化为其传播理论的能力，即不能简单等同于“传”理论的能力，而是涉及与传播相关环节相对应的多项能力。具体地讲，理论传播能力是辅导员根据既定需要将思想政治教育信息向学生进行有目的、有计划的传播，并对信息传播方向、范围和程度进行调控的能力。理论传播能力的具体表现如下。

（1）理论传播目标分析能力

理论传播目标分析能力是理论传播能力的基础。人不同于动物，在实施理论传播之前已明确其传播的意义和目的。辅导员在实施理论传播行为之前，要对理论传播的目标进行分析，进而对理论信息、学生实际情况、传播环境和条件进行分析，对传播的各个环节进行策划。理论传播目标分析是否深入透彻、清晰明了、客观科学，关系着理论传播的整体架构。

（2）吸纳、筛选和扩散理论信息的能力

吸纳、筛选和扩散理论信息的能力是理论传播能力的前提。辅导员首先要吸纳需要传播的理论信息，然后结合上级的思想政治教育要求和传播对象的实际情况，筛选出拟进行传播的理论信息，最终将这些筛选出来的理论信息传递给学生。也就是说，辅导员需要具备对理论信息的由外向内的吸纳能力、内部筛选能力和由内向外的传递能力。

（3）理论信息传递过程中的掌控能力和处理能力

对理论信息传递过程的有效引导和控制是理论传播能力的关键。辅导员要对传递过程中的理论信息在学生中的流转方向、流转范围和流转程度进行监管和控制，以降低所传播理论信息的失真率，扩大理论信息的受众面，深化理论信息的影响力。

辅导员的理论传播能力，主要是对以马克思主义为指导的社会主义意识形态的传播能力，因为思想理论传播主要就是传播我国主流社会意识形态。从思想政治教育的功能来看，其核心功能就在于传播社会的主流意识形态，以便使绝大多数社会成员认同主流意识形态。增强辅导员的理论传播效果，着重体现在其理论传播的广度和深度上。增强理论传播效果，需要注意以下两点。

一是在传播理念上，必须坚持理性传播与感性传播相结合。首先，要在坚信坚持真理上下功夫。坚信马克思主义真理才能使理论传播有明确的政治方向，把理论与实践相结合、历史与现实相结合，从政治、经济、文化相印证的角度，全方位揭示马克思主义客观真理，坚定“四个自信”。思想理论传播的核心内容是社会主流意识形态，即以马克思主义为指导的社会主义意识形态。马克思主义是科学，具有深刻的理论性、严密的逻辑性。辅导员在进行理论传播时，要以自上而下的理性传播方式，捍卫思想理论的系统性、科学性和权威性。但是，辅导员除了必须采用理性传播方式外，也可以结合感性传播方式，因为以社会实践为产生根源和存在基础的意识形态，既有系统化、抽象化的理论表现形式，又有表象化、象征化的感性表现形式。为弥补和克服理性理论传播的不足，实现理论的普及化和大众化，使学生更容易理解和接受社会主义意识形态，辅导员应当在坚持理性传播的基础上融入感性传播。感性内容作为施教者与受教者之间网络互动的介质，是思想政治教育内容通过情感叙事的方式所呈现出来的文字、图像、音视频等叙述符码，是思想政治教育感性传播中的重要因素；感性媒介是传播感性内容的手段或技术，是放大或延长受教者感性体验的重要工具，在思想政治教育传播中发挥着桥梁和纽带的作用，在智媒时代的技术加持下呈现出直播、互动视频、虚拟现实技术等日益丰富的样态；受教者是传播活动的落脚点和目的地，其对感性内容的认同程度、对感性体验的满意程度，将直接决定思想政治教育感性传播的实际效果；反馈是受教者对感性内容认同或拒绝的态度或行为，是体现施教者和受教者双向性和互动性的重要因素，既展现了受教者在感性体验中的能动性，又使施教者掌握了当下感性内容的传播效果，为后续内容输出提供了调整依据；感性环境是施教者利用物质条件和精神因素所营造出的艺术化、趣味化、情感化的氛围，是加强和优化思想政治教育感性传播感染力和影响力的要素之一。

二是在传播媒介选择上，必须坚持传统传播媒介与现代传播媒介相结合。思想政治教育传播媒介是思想政治教育传播过程中不可或缺的要素，其发展变化对思想政治教育传播具有重要的影响。近年来，随着传播新技术的不断应用，传播媒介呈现出向纵深发展的融合态势，对传统的思想政治教育传播造成了巨大的冲击。面对新形势下传播媒介的发展趋势，只有把握好传播媒介的融合发展规律，才能熟练地驾驭和使用传播媒介，才能在教育者和教育对象之间搭起有效的沟通桥梁。

增强辅导员的理论传播能力，要将推动实现思想理论传播的传统媒介传播能力和现代媒介传播能力相互融合，实现理论宣讲形式的多样化，只有把思想理论的宣传同灵活多样的感性形式结合起来，才能使主流意识形态超越理性概念与感性意识的隔阂，实现主流意识形态同民间意识形态的沟通对话，在最大限度上争取共识。

2. 理论宣讲能力

辅导员作为大学生思想政治教育的骨干力量，以及大学生日常思想政治教育的组织者、实施者和指导者，应当是学生思想政治理论的讲解员，应具有较强的理论学习和理论宣讲能力。

理论宣讲区别于理论阐释。西方的阐释活动最早可以追溯到古希腊时期，用于阐释法律、宗教经文和重要典籍，现代意义上的阐释理论始于德国哲学家弗里德里希·丹尼尔·恩斯特·施莱尔马赫建立的一般解释学，德国哲学家尤尔根·哈贝马斯在前人基础上更加强调了社会历史发展的物质性和解释学的客观性。总的来说，阐释是把意义赋予以外界物质，用以解释经验的一种理论视角，理论阐释指针对某一理论进行科学思维方法的揭示，通过厘清发展过程、诠释思维内涵、阐述价值意蕴、明确实践要求来准确用理论解释客观世界，就大学生思想政治教育而言，理论阐释主要是通过思想政治理论课构建科学、严密、系统的价值观，目的在于通过专门性的系统性教学引导青年树立正确的理想信念，突出学理性。理论宣讲则是具体政策方针、现实思想问题在理论上的投射和映照，是理论灌输对当下某个问题的具体回应，是对理论宣传这一主体方式的现实展开，在诠释理论的同时兼顾发生的现实问题或聚焦当下的理论、政策、方针，针对性更强，在学理上的衔接性上相对较弱。因此，理论宣讲区别于理论阐释，同时又是高校“立德树人”任务下对理论阐释的有益补充。理论宣讲区别于政策宣讲、招聘宣讲、科普宣讲、示范宣讲，理论宣讲的定语是“理论”，而不是其他内容，因此即使宣讲的开头、结尾以及过程使用了再多的案例、数据、人物、政策，最终也要回到说理这个核心问题上。

理论宣讲能力是指辅导员为完成思想理论宣传讲解任务所必备的能力。事实上，理论宣讲是理论传播的一种形式，是理论宣传的一种创新方式，是由宣讲人直接面对听众口头宣传讲解党的理论、方针和政策。但是，鉴于理论宣讲的重要性以及辅导员工作的特殊性，辅导员主要通过理论宣讲实现对学生的理论武装，在此特地把理论宣讲能力单列出来。

理论宣讲作为理论教育教学活动的一种具体形式，其优势主要在于能够及时地根据理论宣传的工作要求和针对不同群体的思想特点，因地制宜地、有重点地对相关理论知识进行讲解讲授，从而成为系统性理论教育教学的重要形式补充。在实际工作中，高校辅导员要想准确把握一个理论宣讲案例从事件发生、宣讲预备到宣讲效果实现的过程，需要注意以下三个方面。

（1）以理论思维为先导

思维是以一定的理论为依据对某一事物进行判断或解决某个问题的思维方式。是否具有理论思维，或者理论思维是否科学，关系到人们是否能够准确把握事物发展的本质和规律，进而体现着人们观察问题、分析问题和解决问题的思想水平和工作能力。高校辅导员开展理论宣讲工作的前提在于树立科学的理论思维，主要解决为什么要开展理论宣讲的基本认知问题。首先，以理论思维增强对理论宣讲本质性作用的认识。理论宣讲的本质在于理论灌输，即理论掌握群众。马克思主义认为，先进的思想意识不可能自发地产生，这种意识只能从外面灌输进去。高校辅导员开展理论宣讲工作，其本质在于通过宣讲党的创新理论来指导大学生树立马克思主义的世界观和方法论，帮助他们在纷繁复杂的社会矛盾现象中不断提高解决自身思想问题的能力。其次，以理论思维增强对理论宣讲系统性的认识。理论宣讲的系统性来自理论自身的系统性或彻底性，对理论所提供的立场、观点和方法等的理解和掌握，绝非一日之功，需要根据理论宣传的体系化特征和宣讲对象的认知特点等，构建日常宣讲体系，从而使理论宣讲贯穿于宣讲对象的日常生活之中。对大学生进行系统的思想理论教育，既要依托思想政治教育课教育教学的系统性，也要不断增强高校辅导员理论宣讲工作的系统性，从而使课程教学与日常教育相互贯穿、相互促进。

（2）以理论领悟为基础

理论领悟是一种较高层次的理论学习能力，体现着学习者在学习过程中不只是机械地识读和记忆理论知识，还主动对理论知识进行理解和体会，从而不断提升对理论精神实质的把握驾驭能力。首先，以理论领悟把握理论宣讲的主题。理论宣讲活动不同于理论教学活动的重要特征在于，每次理论宣讲活动都突出一个或若干个主题、不同的理论宣讲活动在主题上各有侧重等，高校辅导员开展理论宣讲活动，不是以讲授全部的理论知识内容为目的，而是在特定的时空环境下结合思想政治教育的重点内容进行具有及时性、针对性的宣讲，这就需要高校辅导员以增强理论领悟力来突出理论宣讲的活动主题，妥善处理“全面讲”与“专题讲”以及“普遍讲”与“重点讲”等之间的辩证关系。其次，以理论领悟把握理论宣讲的内容。确定理论宣讲的主题后，围绕主题的内容选择就显得尤为重要，既不能照本宣科地宣读理论内容，又不能漫无边际地“大讲特讲”。高校辅导员增强理论领悟力，就是要在全面熟悉和掌握马克思主义及马克思主义中国化理论知识的基础上，熟练地将理论的主题宣讲与大学生关心关注的问题分析相结合，做到“讲故事”与“讲理论”相统一，从而达到“形散而神不散”的效果。

（3）以理论讲授为关键

理论讲授是指讲授者通过口头语言向对象传授理论知识的一种方法，其通常包括三种基本形式：一是理论讲述，即通过对相关理论知识进行总结、提炼和归纳之后进行传达，如理论叙述、精神传达等；二是理论讲解，即对一些重点理论内容进行带有个人理解性的解释和论证，如理论阐释、观点解读等；三是理论讲演，即对某一理论内容或观点进行有理有据、首尾连贯的论说，如理论辨析、主题演讲等。毫无疑问，理论讲授是理论宣讲的关键环节，是理论思维能力和理论领悟能力得以施展的必然环节和呈现形式。理论讲授是高校辅导员开展理论宣讲的必然形式和关键环节，高校辅导员提升理论讲授能力有利于解决如何讲清讲好理论的问题。首先，理论讲授能力是一种理论教学能力。高校辅导员的理论讲授需要根据理论教学的基本规范，既要在明确宣讲主题、教学目标和讲授内容等的基础上，认真撰写讲稿、制订教案和制作课件等，又要在掌握宣讲对象的思想特点和理论需求等的基础上，认真组织好宣传动员、组织实施和总结评价等工作，使理论讲授更具针对性和实效性。其次，理论讲授能力是一种语言表达能力。高校辅导员将自己学习和领悟的理论知识充分地表达出来，是一个重新组织语言的逻辑性表达过程，既要准确把握理论语言表达的严谨性、规范性、精准性等，又要发挥自身的特长优势，使口头语言表达更具生活性、生动性、艺术性，进而使大学生对所宣讲的理论听得懂、听得进，以及愿意听、喜欢听。

第三节 高校辅导员的教育感化能力

一、教育感化能力

教育感化能力是指辅导员在开展思想政治教育的过程中,用以完成语言启发、点拨学生的任务所必备的能力。

(一)话语能力

话语通常指说的话、言语，它是话语语言学和话语分析的一个基本技术概念。法国哲学家米歇尔·福柯认为，话语的结构有一套固有的规则，决定认知行为的形式和内容。福柯同时认为人与世界也是一种话语关系，话语决定人在这个世界的位置，因此话语的一个重要功能是“赋予权力”，与权力密切相关，甚至话语本身也是一种权力，即话语权。

在高校思想政治教育领域中，话语双方主要是身为教育者的高校辅导员、思政课教师等，以及身为教育对象的大学生。所以，通过合理而有力的话语，将思想观念传递给受教育对象的过程，也就是思想政治教育的过程。高校辅导员运用一定的方法，对思想政治教育话语进行加工，从而提高交流效果，这就是他们的话语能力。

1. 教师话语向学生话语转换的能力

教育者开展思想政治教育，要想使受教育者听得进、听得懂、听后有启发，就要求教育者讲教育对象能听、会听的话语。首先，要让学生能听懂、能理解辅导员的话语；其次，要诱发学生想听、乐听辅导员所讲话语，因此，须将辅导员的教师话语转化为学生话语。辅导员要主动向学生学习，了解、掌握、使用学生的话语体系，成为与学生有“共同语言”的教师。需要指出的是，辅导员使用学生话语要坚守底线，不是无原则使用，而是以增进思想政治教育亲和力为原则，以实现对学生的教育引导、指点提升为目的。使用学生话语，走近学生，与学生开展心灵对话，就是辅导员在思想政治教育中对学生的心灵召唤与点化。

2. 知识话语向理论话语转换的能力

思想政治教育实际上就是以马克思主义为主导的社会主义意识形态教育。马克思主义是科学，是科学的理论，是揭示人类社会发展历程的真理，是指导人们认识世界和改造世界的行动指南，是由马克思主义哲学、马克思主义政治经济学、科学社会主义组成的理论体系。向学生宣传马克思主义理论知识是思想政治教育的必然环节，但不是终点。学生学习马克思主义，目的不在于能记忆和背诵马克思主义的理论知识，而在于掌握马克思主义的立场、观点、方法，并用于解决认识世界和改造世界中的现实问题。表现在辅导员的思想政治教育话语能力上，就是辅导员以思想政治教育的知识话语为基础，形成思想政治教育的理论话语，促进学生从掌握马克思主义理论的知识转向掌握马克思主义理论的实质和精髓，能够自觉用马克思主义理论武装自己。

3. 书本话语向生活话语转换的能力

马克思主义是大众化的马克思主义，是能够解决生活问题的马克思主义。坚持解决思想问题与解决实际问题相结合，是加强和改进高校思想政治教育的基本原则。开展高校思想政治教育要深入学生的生活实际，要将思想教育融入学生的生活，融入学生的情感世界，这同时也是无痕思想政治教育、教育感化的要求。

如今，人们越来越注重用生活话语来形容社会道德典范，如“最美教师”“最美环卫队”。辅导员要具有面对现实生活的理论解释能力。思想政治教育不能只存在于课本、教材和文件中，必须面对社会现实，经受实践的检验。对于现实生活中一些背离思想政治教育要求的现象，要增强思想政治教育的信服力量，需要辅导员有较强的生活话语能力。对于学生干部的工作热情不高的问题，需要辅导员引导学生在利益交换的市场规则下秉持奉献、服务精神；对于学生学习只求过关的浮躁心理，需要辅导员指导学生追逐梦想、脚踏实地、一步一个脚印，这些都需要辅导员正视现实、回应现实、解释现实。

辅导员具备生活话语能力，才能使自己面对现实生活的理论解释力变得掷地有声。辅导员具备生活话语能力，才能使思想政治教育更具活力与生命力，促使学生在思考生活、问询生活、探寻生活中升华，这就是辅导员对学生的点化。

（二）沟通能力

1. 交流理解能力

良好的交流理解能力能够使教育者与受教育者之间平等交流，从而达到交流双方相互理解、相互认同和相互信任的目的。社会心理学家加琳娜·安德列耶娃认为，基于人类情感发展历程而言，沟通是相互交往的个体之间思想交流和信息传递的主渠道，交往的个体通过自身经历，将所学所知所感传达给对方，进而改变或提升对方的认知水平和实践能力；同时在个体相处之间，为消除紧张情绪，增强相互交往的真实性和平和性，充分的沟通可以起到很好的理解和共情作用，便于交往双方的社会化和再社会化的提升。因此，辅导员在与大学生沟通的过程中，不仅要重视沟通内容和信息传递效果，而且要重视与大学生情感和思想的交流。

在沟通过程中，辅导员不应局限于思想教育内容，而是要结合大学生的个性特征，在情感交流、心理疏导、学业规划等方面进行详细而有针对性的帮扶。在平等沟通中，辅导员和大学生均有机会充分表达自己对问题的见解和分析，有权利表达自己经过思考后得出的观点和认知。在沟通过程中，辅导员应该主动抓住问题的核心，适时传达特定的道德和价值观念，通过大学生对价值观念的反馈，及时了解这一群体的最新动态和思想发展阶段。辅导员和大学生进行的双向平等沟通，可以很好地化解因身份不同引发的交流障碍，缩短沟通双方的心灵距离，同时通过换位思考，可以使辅导员更好地了解大学生的立场和观点，更容易帮助大学生纠正思想上的偏差，增加沟通双方相互理解、相互信任的情感基础，最终促进沟通双方通过交流达成共识、形成共鸣。

2. 精神引领能力

辅导员的精神引领能力主要体现在以下两个方面。

（1）大学生心理状态的调节

在大学阶段，大学生的自我意识情感高速发展，对于事物的理解和认识往往有着独特的视角。但由于他们心智还未成熟，分析和评判事物的角度仍然不够全面，难以从客观、全面的视角评价自我和万千社会，特别是遇到挫折时，他们缺乏冷静对待和快速调节的能力。

大学阶段是多数大学生第一次离开父母的庇护独自照料自己的生活，在这一阶段，学习、生活、环境适应和社会关系维护等多方面的问题接踵而至，使得缺乏经验的大学生手忙脚乱，如果不能得到有力的帮助，他们往往会陷入疲于应付的被动局面，甚至心中会产生严重的自卑感和挫败感而引发异常行为。对此，高校辅导员应及时与大学生进行沟通，时时了解大学生的心理状态，引导大学生从不同的视角看待问题、分析问题并解决问题，以积极向上的心态面对生活，以正确的态度对待挫折。

（2）大学生行为实践的指导

课堂思想政治教育受形式所限，其开展的时间和地点相对固定。在教育过程中，因思想政治教育课程本身具有课程属性，大学生容易形成形式化和知识化的学习方式，以提高考试成绩、取得相应学分为目的，而忽略思想政治教育的真实意义，难以深入思考，更难以对自身行为产生影响。而辅导员与大学生沟通，往往不受时间和地点的限制，在形式和方法上也具有更强的灵活性，更易与学生的具体实践相结合，在信息观点交流、情感融合的基础上最终促进教育内容的外化，增强对大学生行为实践引导的实效性。

3. 情感激励能力

思想政治教育之所以能够激发受教育者的创造性，是因为沟通在引导非智力性教育中发挥了不可或缺的指导性作用。研究表明，创造力的发展程度取决于情商和智商，其中情商对创造力的影响更大，而情商培养中，沟通发挥着主导作用。在沟通过程中，辅导员的言行举止和沟通技巧会给大学生传递丰富的非言语信息，进而会对大学生的情感表达、信息反馈、交流热情和沟通目标产生影响，最终会在一定程度上影响大学生非智力能力的提升。

理性平实的沟通，可以提高辅导员和大学生的交流效果，激发大学生对学习和生活的热情，引导大学生积极主动去探究知识，不断提高自身的认知能力和表达技能。当两人交换苹果之后，每人只有一个苹果；而当两人交换思想之后，每人至少有两种思想。在沟通过程中，辅导员作为引导者和掌控者，应该多用欣赏的眼光和热情的态度对待每一次交流，要发现大学生言语中的闪光点，促进大学生思维和创造能力的发展，健全大学生的思维体系，通过对沟通氛围的把控，让大学生可以放松自我，以此增强其在思维过程中的发散性、灵活性。高效的沟通一定要建立在辅导员和大学生民主平等的关系上，辅导员要尊重大学生的主体地位，保护大学生的隐私，营造温馨舒适的沟通氛围。在进行沟通之前，辅导员应该充分意识到，不能将大学生定义为死读书的书生群体，要注重对大学生能动性的把控，通过不断拓宽自身视野，拉进与大学生之间的距离，加强交流沟通，给大学生提供更多展现自我、提升自我、实现自我的平台和机会。辅导员应通过情感交流和思想沟通，加强大学生对社会道德观念的理解、对民族文化的自信、对社会主义核心价值观的认同，培养大学生崇高的家国情怀，使其树立高尚的奋斗目标、正确的价值取向，自觉为实现中华民族伟大复兴的宏伟目标不懈奋斗。

（三）点拨能力

点拨能力是指辅导员在开展思想政治教育的过程中为指点或启发学生所必备的能力。要想点化学生，辅导员除需具备话语能力、沟通能力对学生进行教育感化外，还需具备点拨能力，指导学生领悟思想、理论、观念的真谛。当学生有疑惑时，辅导员在学生疑惑之处进行点拨，引而不发，藏而不露，学生则有可能自解其难。当学生在自主学习时，辅导员在关键之处进行点拨，学生便可能心领神会。当学生没有疑惑，自认为状态良好、进展顺利时，辅导员在紧要之处进行点拨，学生便会自我警觉，努力朝着更健康、更积极的方向发展。

辅导员要想对学生进行有效点拨，练就点拨能力，需要达到三个条件：一是具备深厚的理论功底。要想给学生一碗水，教师得是一条奔流不息的河流。二是摆正角色定位，切实做到以学生为本。切实定位好辅导员与学生之间的关系，是辅导员点拨学生不容忽视的一大关键。因为辅导员要点拨学生，于学生而言他们只是促进者、指导者和协作者。在开展思想政治教育时，辅导员应当让学生始终处于主动地位，启发、诱导学生发现问题、探索问题，带领学生扒开谜团，领悟隐含在其中的道理，而辅导员只是起指导和促进作用。从表面上看，辅导员与学生处于同一地位，甚至辅导员还可能会退居其位，凸显学生的地位。但是，在点拨教育中，辅导员作为与学生一起悟道的参与者，并不能忽视其作为指导者和主导者的身份。也就是说，辅导员对学生的点拨，在形式上辅导员处于与学生平等的地位，甚至更凸显学生的地位，但实质上辅导员仍然掌握着思想政治教育的主导权，只是在点拨学生的教育过程中将其隐藏了起来，这就要求辅导员准确把握好自身与学生之间的关系。三是善于抓住时机。在使用频率上，点拨要适量；在使用时机上，点拨要在紧要处，要在疑难点上。因此，辅导员在开展思想政治教育工作时，必须坚持以学生为本，在点拨教育学生的过程中把握准、把握住与学生的平等地位与引导职责，坚守住辅导员的引导者角色。

二、教育濡化能力

濡化是人区别于其他动物的学习经历，人的一生就是濡化的过程，古话叫“朝闻道，夕死可矣”，点明了濡化就是悟—顿悟—恍然大悟的过程，辅导员要具有教育濡化能力。

（一）融合能力

融合能力是指辅导员将其他元素融入思想政治教育中以实现教化学生所必备的能力。融合，就需要利用跨界思维，创造性地教化学生。辅导员在思想政治教育中进行融合，赋予思想政治教育以新的手段和形式，将大家耳熟能详的思想政治教育从另一个角度进行理解和审视，给学生一种特别的体验和感受，让学生在无意识中接受辅导员所传递的思想、观点、认识和行为。

值得注意的是，辅导员将选取的元素与思想政治教育相融合，不一定就具备了融合能力。融合能力内含创新。如何融合，是融合能力的关键。当今，思想政治教育的“互联网 +”思维成为一大热点。将互联网与思想政治教育进行融合，开展好网络思想政治教育，成为新时代辅导员的必备能力。互联网技术的发展使媒体融合趋势不断加强，传统的媒介形式，如报纸、杂志、电视、电话等与电脑、手机等新兴传播媒介能够有效结合起来，实现资源共享，并通过不同的平台和渠道传播给受众，从而实现传统媒体和新兴媒体多功能一体化融合发展。

在此趋势下，高校的思想政治教育完全有可能且必然要借助这一科技发展成果，基于教育传播实践而探讨构建一个系统的运行机制，即高校思想政治教育传播的媒体融合机制，尤其是教育部于 2017 年 12 月发布了《高校思想政治工作质量提升工程实施纲要》，提出充分发挥课程、科研、实践、文化、网络、心理、管理、服务、资助、组织等方面工作的育人功能，切实构建十大育人体系。《高校思想政治工作质量提升工程实施纲要》明确提出，要大力推进网络教育，加强校园网络文化建设与管理，拓展网络平台，丰富网络内容，建强网络队伍，净化网络空间，优化成果评价，推动思想政治工作传统优势同信息技术高度融合，引导师生强化网络意识，树立网络思维，提升网络文明素养，创作网络文化产品，传播主旋律、弘扬正能量，守护好网络精神家园。我国高校的每一位思想政治教育工作者，都必须贯彻落实《高校思想政治工作质量提升工程实施纲要》的要求，在工作中推动思想政治工作传统优势同信息技术高度融合，探索构建思想政治教育传播的媒体融合机制。同时，2020 年颁布的《高等学校课程思政建设指导纲要》要求创新课堂教学模式，推进现代信息技术在课程思政教学中的应用，激发学生学习兴趣，引导学生深入思考；要综合运用第一课堂和第二课堂，组织开展“中国政法实务大讲堂”“新闻实务大讲堂”等系列讲堂，深入开展“青年红色筑梦之旅”“百万师生大实践”等社会实践、志愿服务、实习实训活动，不断拓展课程思政建设方法和途径。

（二）践行能力

践行能力是指辅导员在开展思想政治教育中践行自己所倡导的观念、思想和价值观，以实现教化学生所必备的能力。思想政治践行能力是以辅导员的行为为载体，以辅导员的实际行动潜在地影响学生、教化学生。辅导员濡化学生，以自己的行为践行自己所倡导的观念、思想和价值观，是非常重要的方面，这主要源于思想政治教育的实践性特点。因为思想政治教育显著的本质属性就是实践性，即体现在思想政治教育的现实性和思想政治教育价值实现的实效性上，在社会生活中则表现为与其他实践活动的结合与渗透。思想政治教育的目的在于帮助人们提高思想政治素质，而提高人们思想政治素质的最终目的在于提高人们认识世界、改造世界、改造自我的能力。对于思想政治教育的效果，要根据实际情况进行检验，而不能凭主观判断来检验。辅导员在思想政治教育中应做到“知、行、育”统一，以践行自己所倡导的观念、思想和价值观，进而教育濡化学生。

1.“知”与“行”相统一

“知”，据《古汉语常用字字典》可知，作动词时为“知道”“了解”“赏识”之意；作名词时指“见解”“见识”，即“知识”“认识”，如《论语·子罕篇》中的“吾有知乎哉？无知也”和《庄子·内篇·养生主》中的“吾生也有涯，而知也无涯”的“知”，均指知识、学识。随着时代的发展，“知”的内容也不断丰富，内涵得到了极大的扩展。“行”，作动词时指“做”，如“行，为也”。“行”另具“出动”之意，如“虞不腊矣。在此行也，晋不更举矣”。故“行”可理解为“行动”或“实践”，即为实现某种意图而进行具体的活动。“知行合一”是中国哲学中的一个重要概念，是关于“知”和“行”关系的认识。从文字含义看，“知行合一”可以通俗地理解为知识和行动要合二为一，保持一致。关于如何“知行合一”，首先要承认“行”为“知”的来源，“知”对“行”具有重要的指导作用这一唯物主义知行观，而后通过具体的“行”去检验和发展“知”，获取对客观事物的“真知”，又以“真知”促“真行”，实现知行合一。

中国哲学家最早对知行问题的记录在《尚书·商书·说命中》：“非知之艰，行之惟艰。”后来我国伟大的思想家，如孔子、孟子、荀子等都对知行问题展开了丰富的论述。孔子曰：“多闻，择其善者而从之，多见而识之，知之次也。”孟子曰：“人之所不学而能者，其良能也；所不虑而知者，其良知也。”而“凡以知，人之性也；可以知，物之理也”是荀子对“知”的论述，这些丰富的论述都为“知行合一”的提出奠定了理论基础。

“知行合一”这四个字的明确提出者是明代著名思想家王阳明。在真正提出“知行合一”理念之前，王阳明因精通儒家、道家、佛家等学说理论，受到越来越多贵族弟子的青睐，他们欲拜其门下，官员们对此高度重视。席书时任贵州提学副使，他为邀请王阳明到贵阳文明书院讲学而亲自修书。“知行合一”就是王阳明在文明书院讲学时首次提出的。明朝中期的社会动荡不安、人心涣散，上至统治阶级、下及平民百姓，将“知”与“行”进行分离。言行不一、知行脱节的现象非常普遍。王阳明认为造成此类不良现象的重要原因是受程朱理学知行分离说的影响。由此，其“知行合一”思想便应运而生。他强调“知者行之始，行者知之成”，“知”一开始便产生了“行”。

“知”“行”二者不容割裂、密不可分。王阳明对“知”“行”及二者关系的观点极具新颖性和独特性，他通过多次讲学对“知行合一”理念进行传授，被民众知悉与认同，使知行分离、言行不一的不良风气被破除，对当时的社会产生了深远的积极影响，时至今日仍大放异彩。王阳明的“知行合一”思想是中国传统文化的精华之一，学习王阳明的“知行合一”思想有利于增强中国人的文化自信。

“知行合一”对不同领域和各个行业都有积极的指导作用，各行各业、各个领域的人都不应将所学知识停留在书本上，应做到身体力行，“实干”而不“空谈”，以“知”促“行”、以“行”求“知”，将“知行合一”落实到日常生活和具体行动中，形成“知行合一”的良好风尚。在辅导员实践中，也不乏言不由衷、知而不行、言行不一的现象。只有当辅导员做到“知行合一”，学生才会接受辅导员传授给他们的各种观点、思想。

2.“知”与“育”相统一

直白地说，“知”与“育”相统一就是辅导员自己所提倡的思想、观念和价值观要与他教育引导学生时的实际做法相一致。在现实中，部分辅导员的“知”与“育”不统一，体现在辅导员的认知与他们教育引导学生的行为相矛盾。

辅导员的“知”与“育”不统一，还体现在辅导员有认知，但在工作实践中不付诸实施，即“知”而不“育”。举例来说，学校从各个层次、各个侧面组织辅导员学习了全国高校思想政治工作会议精神，辅导员也通过各种形式阐述了自己学习会议精神的深刻感悟，表示要在学生的思想政治教育上下足功夫、用足劲头。但是在实际工作中，部分辅导员仍然陷于事务工作，缺少对学生思想动态的引导。殊不知，掌握学生的思想动态就是辅导员工作最应该完成的工作。

从某种程度上说，辅导员对“立德树人”的“知”与工作实际的“育”所作的工作不足归因于辅导员需要完成的事务性工作比较多，但是，辅导员应该尽力协调，努力让自己成为学生的引导者，在工作实践中扮演好自己理想中的“引导者”角色。辅导员做到“知”与“育”相统一，能使其传递给学生的“知”更容易被接受。

3.“行”与“育”相统一

辅导员的“行”与“育”不一致也大大降低了辅导员教育濡化学生的效果。“行”与“育”的统一，也是辅导员的引领能力，在前文已有论述，此处不再重复。

三、教育感染能力

（一）共情能力

共情是心理学常见的一个概念，也是一种常见的心理现象，通常指的是在人际互动过程中能换位思考，站在对方的立场，设身处地体验他人处境，从中感受到他人情绪情感，从而理解他人情感的能力。恰当的共情能提高共情者的亲和力、信服度，让被共情者感到被对方理解，从而更容易接受共情者的理论灌输。共情能力具有个体差异，不同个体对待同一件事情其共情能力高低有别，但不是一成不变的，通过后天的学习和努力可以有效提高共情能力。

辅导员在做思想工作与学生进行沟通时如果善于利用共情进行换位思考，想必一定能提高学生管理工作的效能，起到事半功倍的效果。高校辅导员既要面对学校各级各类的长期考核的压力，又要面对自身职业生涯规划的迷茫和不解，辅导员在各种压力之下，容易产生急躁情绪。面对学生个体时，辅导员用共情提供情绪情感的支撑，一定能够很好地与学生进行沟通，甚至对学生进行心理辅导。因为辅导员站在学生的角度考虑问题，运用共情的艺术实现与学生的深度沟通，且学生在感受到共情时，能够感到自己被理解、悦纳，从而会在情绪情感方面感到愉快、满足，这会对师生关系产生积极的影响，同时有助于促进学生的自我表达、自我探索、自我了解，有利于辅导员与学生进行更深入的交流，进而有助于形成和谐的师生关系，达到良好的教育效果。

（二）情绪调控能力

心理学认为，情商比智商更重要，情商就是情绪调控能力，也就是一个人能够管理情绪、改变情绪、调节情绪的过程，辅导员需要具备基本的情绪调控能力，可以从学习如何识别情绪、如何调节自我的情绪等开始提升自身的情绪调控能力。

辅导员因为具有教师岗和行政岗的双重角色，因此也往往面临着科研和行政方面的双重压力，既要搞好科研又要应付烦琐的行政事务。特别是年轻辅导员初入职场，周围的环境没有改变，都是身处校园环境，但角色的转换、立场的变化让自己发生了较大的变化。因此，面对纷繁复杂的学生工作，辅导员要及时觉察自己的情绪和情感，并且及时反思，及时调整。辅导员只有自身具有肯定和积极等正面情绪情感体验能力，才有可能以自身的能力引导和关注学生的情绪情感。

面对精力旺盛、情绪感知能力较强、抗压和受挫能力较差的学生群体，辅导员可以成为给学生带来温暖的“小太阳”。辅导员通过冥想法、深呼吸放松法、听音乐法、看书转移法等，找到适合自己的方式，进行放松和调节情绪，提高自身情绪稳定性和应对挑战的能力，从而更好地做好学生工作。

（三）渲染能力

渲染能力是指辅导员在思想政治教育过程中，使学生自觉产生情感共鸣所必备的能力。一名具有渲染能力的辅导员，可以使自己的思想政治教育充满温度、饱含热情、内附温情，学生在受到触动后会自觉形成符合思想政治教育要求的思想认同、价值共鸣、情感共振。渲染实质上是情绪、情感、认识的传递交流，情绪、情感、认识要传递交流，无疑要具有相似性，因此渲染的基础和实质在于感受、认知层面的相似性。然而，辅导员与学生在身份、认知上存在差别，欲促成辅导员与学生在感受、认知层面的相似性，辅导员除了要具有人格魅力、富有激情、情感丰富外，还必须拥有真诚情感，做到潜移默化，实现力量传递。

第五章　高校辅导员工作与思想政治教育的关系

辅导员是高校思想政治教育工作的骨干力量，充分发挥辅导员的独特作用和优势，对高校思想政治教育工作体系建设具有重要意义。虽然辅导员在高校开展思想政治教育的过程中具有非常重要的价值，但从具体实践角度来看，在思想政治教育中展现其育人价值还面临一系列困境，因此，也需要对辅导员的思想政治教育工作进行一定的创新。本章分为高校辅导员的思想政治教育作用、高校辅导员思想政治教育的功能、高校辅导员思想政治教育工作创新思考三部分。

第一节　高校辅导员的思想政治教育作用

高校辅导员起着教育培养、组织管理、服务管理、榜样示范等多重作用，不可或缺。

一、教育培养作用

（一）辅导员在大学生形势与政策教育中的作用

作为思想政治教育工作中的一员，很多辅导员本身也在负责形势与政策课的教学任务，他们通过形势与政策教育引导学生认清形势，帮助学生确立正确的政治立场。即使辅导员不承担形势与政策课的授课任务，如果能够在日常教育中将具有导向性强、政策性强和时效性强的形势与政策课结合日常生活以形式多样的方式展示给学生，给学生带来耳目一新的感觉，也会是一种不错的教育方式，对学生能起到加强理想信念教育的作用。

（二）辅导员在引导学生自我成长中的教育作用

优秀的辅导员能够通过自身的知识素质、综合能力和人格魅力感染和影响到学生，成为学生学习和效仿的榜样。

自我成长是大学生必备能力之一，也是贯穿其一生的能力，主要包括自主学习和自我管理能力，这又恰恰是“00”后学生所欠缺的。这一代人大多是独生子女，家长比较溺爱，本身所遭受的挫折较少，挫折承受力较弱。加之大学相对高中而言已宽松很多，处于一种压力较小和约束较少的状态，大学生只做自己认为对的事情，导致很多学生自律性、规矩性差。辅导员要有意识地培养学生的自主学习和自我管理能力，也要帮助学生进行自我人格完善，这考验辅导员的知识素质、综合能力和人格魅力。辅导员应分析每个人的知识、能力、特征、优势，结合国家和社会对人才的需求，为学生未来的发展提供职业生涯咨询、人生导航，帮助学生在大学学习期间，为自己以后的发展奠定良好的基础，帮助学生懂得自我学习、自我教育和自我服务对今后的工作和生活的重要性。

二、组织管理作用

（一）辅导员在班级建设中的组织管理作用

班级是高校基本的单位，承载着教育、管理、文化建设等功能，班级组织能否健康成长关乎高校能否良性运转，以及大学生群体能否和谐发展。良好的班风班貌具有强大的凝聚力和吸引力，给学生的学习、人际关系和行为习惯创造一个良好的环境氛围，良好的班风班貌的形成不仅体现在困难资助、宿舍管理、心理疏导等方面，也体现在党建、团建等组织管理方面，而在这种良好氛围熏陶下学生的优良品德会更加稳固和坚实，也会更加适应社会的需求。这种良好班风班貌的形成就需要辅导员在班级建设中发挥组织管理作用。

（二）辅导员在第二课堂的组织管理作用

校园里的各种社会实践，包括校园文化活动、各种社团活动、各类科技节活动、心理健康教育、各种球类比赛、网络思想政治教育、就业指导和规划甚至各种公众号的管理都可以划归到第二课堂。大学相比于高中压力大减，由自己支配的时间增多，学生也更乐意参加第二课堂。在这里学生是真正的主活动的主体，能够大放异彩，并与第一课堂的教学形成互补和互动，甚至将第一课堂的具体知识点延伸到这里，辅导员也要充分认识到第二课堂在大学生成长成才中发挥的重要作用。很多活动的设计、开展和组织虽然不需要第一课堂的老师指导，但是离不开辅导员的组织管理，需要通过其实际工作凸显组织管理作用。

三、服务管理作用

辅导员作为高校学生的主要负责人，在高校进行思想政治教育改革与创新的过程中肩负着重要使命，应当引导学生积极适应新的教学方法，不断提升其对思想政治学习的积极性。而辅导员通过对思想政治教育工作的服务功能进行重构，能够制订更契合学生与学校需求的思想政治工作规划，这样一方面可以更好地帮助学生解决思想问题，推动学生的健康成长，另一方面可以对高校原有的思想政治工作模式进行创新，充分将思想政治课教师、专业课教师结合起来，共同为思想政治工作的开展助力。

（一）辅导员需要树立为学生服务的意识

教育学生、管理学生和服务学生应该是高校辅导员最基本的任务，而这三项基本任务里面服务是其应有之义，可以说辅导员工作的服务性是重要属性，辅导员服务工作做得好，才能在管理上、思想上引领学生。因此辅导员不论是在思想认识上还是在实际工作的开展中，都应该从工作需要、学生需要出发牢记自身工作所具有的服务属性，同时还要牢记服务只是手段，引领才是目的。

辅导员工作内容多、范围广，每天要处理学生的各种突发事件、学校的各种临时性事情，要执行学校各个方面的工作。在面临有些共性的问题已经在班会、班级群里反复告知和解答，依然有学生继续问及的情况时，辅导员不应失去耐心，要抱有服务学生的思想、确定服务性是自身工作的重要属性，这样就会换位思考，将学生的需求装在心里，记在心间，学生也会将自己的喜悦分享给辅导员。

（二）服务性特征在辅导员实际工作中的体现

辅导员应乐于奉献、甘于服务，为学生的成人成才甘当人梯与铺路石。面对复杂多变的社会，辅导员要抛弃功利观，在学生出现家庭方面的困难时要伸出援手；在学生出现情感方面的问题时要耐心倾听并及时对学生进行心理疏导；对待个性和需求不同的学生时要客观公平地提供针对性的指导和帮助。

整体而言，辅导员在班级中的服务性最重要的体现是肯为学习环境的营造下一番苦功夫。给班级上课的一线老师在课堂上直面学生时最能感受到班级氛围。班级学习氛围浓厚，班级整体给人班风正、学习劲儿头足的感觉时，学生和授课教师在课堂上的配合会非常融洽而轻松。调查发现，班级学习氛围的形成和辅导员有意营造的学习环境相关，因此辅导员要为大学生的发展提供学习环境服务。

四、榜样示范作用

榜样的力量是无穷的，辅导员作为和学生日常生活接触较多的教师应该严格要求自己，用自己的工作热情、专业知识和社会知识感染学生，成为他们眼中的榜样。

（一）辅导员在思想政治教育中的榜样示范作用

我国伟大的教育家孔子认为“其身正，不令而行；其身不正，虽令不从”。教师无小节，处处是楷模。辅导员是大学内部离学生最近的人，也最容易影响学生。据调查，众多受访大学生希望辅导员做到公平公正，特别是涉及评优评奖等事情时不要搞特殊化，而是让学生得到公平对待。

（二）辅导员自身的表率和示范作用

空谈误国、实干兴邦。作为高校思想政治工作的价值引领者、言传身教者、助力思政教师育人者，高校辅导员要牢记真抓实干，做实干家，才能以自身的表率和示范作用发挥出辅导员应有的独特作用和优势。

辅导员自身的表率和示范作用外在表现于“言传”和“身教”，“言传”能不能转化为对学生实践上的指导很大程度上要取决于辅导员的“身教”，具体表现为在理论知识学习中学深悟透“言传”，在实际工作执行中落细落实“身教”。

辅导员要以身示范，在理论知识学习中学深悟透由理论联系实际的“言传”。作为辅导员要担起铸魂育人的责任使命，不仅仅要求学生树立理想信念，自身也要主动学习党的理论知识，自觉提升政治素养，要将政治理论学习当作一种精神追求或者一种生活方式，而非仅仅作为一种工作需要。“问渠那得清如许，为有源头活水来”，辅导员要将党的最新理论成果作为“源头活水”，要将红色文化作为补足营养的精神之“钙”，使自己的精神境界“澄澈明净”。党的二十大精神是党的先进理论成果，学习党的二十大精神就如同方塘“清淤引水”，不断夯实思想根基，在明辨是非中助力学生成长成才，在助力学生成长成才中将“言传”内化为学生前行的指南针。

辅导员要以生为本，在实际工作执行中落细落实有不怕苦不怕累的“身教”；要让想学生之所想、急学生之所急。在日常工作的点滴中去落细落实，在细致、琐碎的班级管理中不怕苦不怕累，在俯下身子倾听学生的疑难困惑中形成“身教”。在学生生病最需要关注的时候有辅导员的守候，在学生思想上遇到多种选择出现偏差的时候有辅导员的引领，在学生面对社会多元化带来的困惑的时候能够有辅导员的纠偏。这些都在潜移默化地感染着学生。

综上所述，辅导员在思想政治教育工作中，可以成为贴近学生的“知心人”、可以成为点滴浸润的“热心人”、可以成为青年启航的“引路人”，多重角色定位要求辅导员要付出更多，以创新精神、服务精神、奉献精神面对和解决出现的各种各样的思想问题，助力大学生形成积极的情绪，发挥积极作用，达到最终教育目的。

第二节　高校辅导员思想政治教育的功能

一、政治功能

高校辅导员思想政治教育的功能发挥着高校思政工作主力军的作用。

（一）政治宣传功能

政治宣传功能主要是对党和国家的各项政策进行宣传。为无产阶级进行政治宣传是辅导员思想政治教育工作的重要使命，国家、政党通过多种形式的宣传工作，将党的路线、方针、政策从文字内化为人们的信仰，从而影响他们的思想和行为，获得民众的广泛支持。高校思想政治教育自诞生起就承担着宣传、普及我国主流思想的重任。为了防止一些不良思想影响大学生的成长，辅导员要通过政治宣传，把准政治方向，通过对政策方针进行转译和宣传等，让大学生掌握国家政策方针的主要内容，理解政策方针的可行性和科学性，成为执行方针政策的忠实维护者、贯彻者，最大限度地发挥政治功能。

（二）政治动员功能

既然人不可能自然而然地获得社会主义意识，那么社会主义意识的获得就只能依靠灌输来实现，这种灌输过程就是政治动员，即统治阶级为实现某项政治目标，组织、鼓励公民进行政治参与，并在政治参与中实现政治宣传的过程。

高校和网络空间是大学生进行政治动员的主场域，话语则在政治动员中扮演着内容载体的角色。在当今时代背景下，高校和网络空间需要双双融入政治色彩浓厚的思想政治教育，提高大学生的政治觉悟，增强他们的政治认同，从而促使他们自发参与政治活动。从长远看，在高校思想政治教育中，辅导员的政治动员功能有助于大学生增强共产主义信仰，提高意识形态工作的质量和水平，激发大学生对党、对国家的认同，从而更好地投身于社会主义现代化建设中。

二、引导功能

引导是指对人们的思想观念和行为产生引领性和指导性的作用。引导功能发挥着核心作用，主要体现在对人才培养目标达成的引导上。思想政治教育作为思想引领性课程，其基础功能就体现在对民众思想的正确引导上。对外，思想政治教育是中国话语的核心。必须牢牢坚持我国的指导思想不动摇，从我国的民族精神、民族文化中汲取正能量，宣传无产阶级的思想观点和价值理念，说好“中国话语、中国描述、中国故事”，让中国话语厚植本土，走向世界，从而构建国际话语新格局。对内，思想政治教育引导社会主流价值观。意识形态想要成为主流思想，就要获得绝大多数民众对主流意识形态的普遍性认同，这份认同的实现，就要依靠思想政治教育的引导。智媒体带来的多样化思潮、文化碰撞等，可能对意志力薄弱、三观尚未形成的大学生造成误导。因此，辅导员的引导需要有全局意识，既对我国主流意识形态，包括大政方针、宗旨等重要原则进行引导，从思想上引导大学生成为三观正确的社会主义建设者和接班人；也要对大学生舆论进行引导，对于不当舆论要进行方向上的引导，对于优秀的舆论要进行适当的鼓励和宣传。高校和网络空间也要以弘扬我国的主要思潮为己任，积极发挥舆论引导作用，传播主流话语，将自身打造成宣扬主旋律的前沿阵地。

三、规范功能

规范功能即规范受教育者行为的功能，是思想政治教育的重要功能。高校校史文化的规范功能主要体现在通过精神层面的“软”约束与制度层面的“硬”约束使在校师生的道德行为更加规范。在“软”约束方面，高校通过宣传校史中的优秀人物及其先进事迹去影响和感染校内师生，使他们以这些优秀校友为榜样，规范自己的言行。除了这些优秀校友，目前在校的领导、教师与优秀同学的言行举止同样能够对大学生产生很大影响，他们对学生在遵守校园制度方面起到了很好的示范作用，能够帮助学生树立良好的规则意识，提升学生的思想品德。在“硬”约束方面，学校的校训校风、校规校纪和学校办学以来形成的优良传统是最主要的内容，通过宣传这些有着厚重历史文化意蕴的校史内容，可以对学生起到非常好的引导示范作用，促使其不断提高自身的法治观念及思想道德水平。高校辅导员思想政治教育的规范功能，主要体现在以符合规定、规律的话语范式，对大学生有关国家立场、社会发展、主流思潮的思想性话语进行有效的规定和修改。简而言之，思想政治教育的规范功能就是对大学生话语的管束。立“中”，中即中国，既包括习近平新时代中国特色社会主义思想，又包括中国传统文化。立“中”绝非盲目的，不是中国出品皆可“立”，而是取其精华、去其糟粕，有选择性地“立”。我们所立之“中”，是通过思想政治教育传达中华民族的价值观念和标准、传统美德、法治伦理等一切积极向上的内容，从而对大学生的精神世界进行改造，规范其思想，约束其行为，既做好思想政治教育工作，也说好其他话语。

四、教育功能

思想政治教育本身就包含了教育之意，直接表明了其工作的开展和任务的实现需要依靠教育，而其功能也主要集中在对大学生的思想政治教育上。智媒时代到来后，西方一些不良思想在网络平台上大肆传播，这就更需要将网络平台打造成思想政治教育的主场域，发挥其教育功能。教育功能根据其性质不同，有两种不同形式的功能。

（一）思想教育功能

思想政治教育的内涵丰富，包括道德观、人生观、价值观等素质教育，进行素质教育的过程其实就是实现“立德树人”的关键步骤。辅导员要发挥自身在思想政治教育工作中的思想教育功能，将正确、积极、健康的思想内容输送给大学生，让他们在这个过程中收获一定的知识，并将所收获的知识内化为其自身的思想，从而将他们培养成能够正确辨别是非、拥有良好的品行操守、品德过关的社会主义建设者和接班人。

（二）政治教育功能

思想政治教育“立德树人”任务的实现首先要回答“为谁培养人”这一根本性问题，“立德树人”是为社会主义树人，而这个根本性问题则需要政治教育功能来保障。随着社会的发展，我国教育制度不断完善，优秀人才在各行各业中涌现。优秀人才出现的同时，问题也随之出现——人才流失，部分人才投入资本主义国家的怀抱。政治教育变得愈加重要和迫切，辅导员亟须通过政治教育将我国的主流价值观传达给大学生，培育具有我国主流意识思想的社会主义建设者和接班人。

第三节 高校辅导员思想政治教育工作创新思考

时代在发展，人类在进步，高校辅导员要想做好思想政治教育工作就必须与时俱进。

一、高校辅导员思想政治教育工作理念创新

（一）树立积极的工作理念

罗伯特·罗森塔尔于1968年发表了《课堂中的皮格马利翁——教师期望与学生智力发展》，书里通过实验结果表明，教师的期望会传递给被期望的学生，而在感受到教师的鼓励时，学生会表现出更强大的适应力，智力发展更加活跃，并且对知识的求知欲也会显著增强。这个试验中的心理效应被称为罗森塔尔效应，它提醒辅导员要对学生充满信心，相信并鼓励他们发展得很好，相信学生的潜力，建立良好的师生情感联系。面对传统“治愈式”的思想政治教育理念，辅导员要转变观念，树立积极的工作理念，加强对学生的人文关怀，多用欣赏的眼光看待学生，切实关心学生的生活和学习，善于发现他们身上的闪光点。辅导员不应只关注那些心理出现问题或是家庭经济比较困难的学生的心理状态；而应当将目光转向更多的普通学生，在解决问题的同时，挖掘学生身上乐观、积极、有爱的一面，引导学生进行自我调节。当学生出现问题时，改变传统批评、惩戒的方式，换以接纳、理解等方式。人都具有自我调节与向上的能力，只是一味地解决出现的问题并不能真正使学生成长，因此辅导员要培养学生的积极品质，利用积极因素抵抗消极因素的影响；对学生进行鼓励与欣赏，营造积极的氛围，从而切实帮助学生预防心理问题的出现。

（二）树立创新的工作理念

树立创新的工作理念，不是喊喊口号就行，辅导员应该将学生的实际情况与工作创新思想观念相结合，可以从以下方面入手：了解社会需要的人才类型，把学生培养放在社会需要的大环境中去思考；将习近平总书记对青年人的要求作为培养学生的标准；借鉴其他优秀高校管理学生的科学模式，做到科学育人和科学管理学生。辅导员应在借鉴他人做法的基础上，结合自身特点，努力拓宽自己的视野，不做井底之蛙；将自己的目光放长远，不断学习关于高校思想政治教育的

理论知识，对于教育部门关于高校思想政治教育方面的指示要敏感；在工作期间要稳扎稳打，关于学生的每个问题都要认真对待，绝不存在侥幸心理，更要发挥自己的主动性，敢于探索思想教育工作中的规律，适应新时代，创新工作方法。

（三）树立具有责任意识的工作理念

在高校的教职工队伍中，辅导员的地位十分特殊，他们既是学生最经常接触的教师，也是学校各机关在涉及学生问题时最先咨询的对象，这就意味着辅导员的责任重大，他们需要当好学校与学生之间上传下达的桥梁，更要对学生的成长成才、价值观引导负责。

对辅导员来说，责任意识的树立显得尤为重要，需要清醒并时刻牢记作为辅导员的重任，才能在实际工作中充分发挥自身作用。责任来自热爱，辅导员的责任意识也是建立在对本职工作的热爱上的。部分辅导员一旦有更好的机会便会转岗，这一方面是由于当前部分高校在辅导员的晋升管理中就为辅导员设计了转向专业教师的道路；另一方面是由于部分辅导员对自身岗位职责认识不清，无法走专业化、职业化的道路。在这种情况下，部分辅导员就不可能努力地学习关于思想政治教育的理论知识，掌握学生价值观引导的规律和科学方法，更不会主动关心学生的思想状态和心理情况。因此，辅导员在入职之初就应通过培训或自我认知清楚认识到辅导员工作的职责和重要性所在，并在实际工作中时时警醒，端正自己的言行，以身作则，成为学生的学习榜样。

二、高校辅导员思想政治教育工作思路创新

高校辅导员要优化工作思路，改进工作方式，开展分类教育，关注特色个体，还要划分工作模块，优化工作分工。

（一）分类开展教育，关注特殊个体

时至今日大学生的思想观念和行为习惯与以往相比有很大的不同，带有鲜明的时代色彩，这要求辅导员把握教育对象的变化，并结合其特点有针对性地开展思想政治教育工作。在把握大学生共性特征的基础上，辅导员要学会辨别学生群体的差异，抓住不同群体间的特点有针对性地开展工作，善于运用大学生团体干预手段加强对不同群体的分类引导，帮助学生解决他们真正的困扰，不断提升思想政治教育的实效。不同性别的学生对辅导员工作某些方面的评价存在显著差异，这启示辅导员在思想政治教育中要加强对男女两性性格特点的研究，了解清楚不同性别的学生在思想、行为各个方面的高频问题。

辅导员注意提醒自己要用发展的眼光进行学生管理。改变以往“一个路子走天下”的教育方式，依据学生所在的年级开展教育管理工作。这要求辅导员做到对各年级学生可能出现的共同问题“心中有数”，对大学生在读期间的思想政治教育工作做一个大致的规划，重点明确，循序渐进。

辅导员在开展思想政治教育工作时应当重点关注特殊群体和个体，提供更有针对性的教育与引导。辅导员要给予特殊个体，如身心不健全的学生、特殊家庭的学生等更多的关注，既要把握他们共同的性格特点和潜在的问题，也要逐个分析个体的实际情况以及产生此类问题的具体原因，把握住关键，注重教育话语和手段的恰当性，尽力规避可能出现的损失，可以促进整个大学生群体思想政治教育环境的和谐。

（二）划分工作模块，优化工作分工

高校应探索转变辅导员工作模式，将辅导员思想政治教育工作以工作职责为依据划分为几个模块，要求每个辅导员负责一个专门模块，推进辅导员分工合作。例如，心理辅导员专为学生提供心理咨询服务和治疗；职业规划辅导员通过各类职业测评与实践，为学生提供专业的职业发展规划，帮助学生解决个人职业发展问题；负责学习方面的辅导员主要为学生解决学习相关问题，帮助学生在学术方面取得进步；负责生活方面的辅导员主要为学生提供日常服务等。同时，辅导员应培养主动工作意识，主动关心学生，根据学生的日常表现去把握他们的思想动态并加以引导或干预。

三、高校辅导员思想政治教育工作能力创新

辅导员自身应当发挥主动性，不仅要强基固本，提高思想政治素质，还要提升整合时事政治的能力，也要有提升学生树立正确世界观、人生观、价值观引导能力。

（一）强基固本，提高思想政治素质

当前高校辅导员的工作以日常学生事务管理为主，要处理的事情比较琐碎且覆盖面比较广，但是在忙碌的工作过程中也不能忽视对政治理论的学习。高校辅导员应主动学习马克思主义理论相关知识，以提升其政治素养。只有学习理论，才能进一步将其转化为实践。辅导员要坚决维护党和人民的利益，热爱祖国，用马克思主义的方法论指导实践，保持清醒的头脑，坚定自己的理想信念不动摇，不被错误思潮干扰，要用先进政治理论武装头脑，用辩证的思维分析国内外的热

点问题，帮助学生解除困惑。另外，辅导员应当对辅助思想政治教育工作的教育学和心理学知识也有一定的了解。

“学高为师，身正为范”，高校辅导员要想真正成为大学生的良师益友就必须见多识广，对于各类问题能有真知灼见，时刻保持自身的先进性，能够用理论和实践相结合的方式说服别人。高素质的教师队伍是提升思想政治教育工作实效性的活力源泉。辅导员要不断汲取知识，丰富自己的精神世界，用先进教育思想支配行动。辅导员对于开展思想政治工作要有热情，关心学生，做学生工作时要经常与学生打交道，与学生谈心，为学生答疑解惑，多从学生的角度考虑问题，为学生着想，为集体着想，做一个能吃苦、能办实事、受学生爱戴的辅导员。“师者，人之模范也”，教师就是学生道德修养的一面镜子和一把尺子，所以辅导员要保持先进性，不谋私利，敢于坚持原则，一视同仁，忠于职守，尽职尽责；以诚待人、以情感人、以理服人；辅导员对学生群体的管理要恩威并施，把控全局，要求学生严格遵守各项规章纪律，及时化解学生之间的矛盾，使整个集体都能有一定的进步，这样才能够使自己的教育行为符合整个学校的需要，从而促进教育任务的完成和教育目标的实现。

高校辅导员是大学生成长道路上的引路人，不论是为了日后的个人发展还是为了职业需要，辅导员要树立终身学习理念，让学习成为自身永远不放弃的信念，要不断更新知识，形成别具一格的理论教育体系。终身学习是一个持续性的过程。终身学习需要辅导员拥有自主学习的技能和正确学习的心态。它强调的是一种新旧知识的融合，辅导员通过不断学习新知识，回顾旧知识，并不断完善自己的知识结构，丰富知识内涵。辅导员在大学校园环境下获取新知识的途径有很多，对于各类知识也要懂得辨别，要时刻警惕腐朽文化对学生的冲击。要想迅速辨别各项信息，辅导员需要不断完善自己的知识体系，更新自己的知识库，始终能够做到与时俱进，同时在实践中要形成自己特有的知识系统。一方面，辅导员提升自主学习的技能是提升自身竞争力的重要手段，社会在不断向前发展，作为个体如果一直停滞不前就会失去竞争力，落后于他人。辅导员由于繁重的工作不能进行系统性的学习，但是，一旦养成了自主学习的好习惯，抓住碎片化的时间，选择适合自己的学习方式学习各类知识，长此以往会收获得更多。另一方面，辅导员必须要有正确的学习心态，心态端正了，路才不会走歪。一旦树立了终身学习的理念，就必须有正确的学习心态作为保障。辅导员要兼顾工作和学习，做到工作自信和学习自信相统一。在处理工作和学习相关事务时，辅导员难免会碰到各种问题，有时也会产生焦虑、烦躁等负面情绪。终身学习所强调的积极心态在一定程度上可以缓解辅导员的这些负面情绪，使其增强自信，并且使其在学习了新知识后能运用知识和创造知识，如此就会形成工作和学习的良性循环，学习的新知识将带动辅导员全面发展，在不断发展的过程中辅导员又能不断地获取新知识，主动接受新事物。同时，辅导员与学生由于获取知识不对等而产生的代沟会越来越小，辅导员也能从不同角度关注问题和处理问题，解决问题的办法不再是老一套，由此学生会更容易认可辅导员、接受辅导员。

（二）提升整合时事政治的能力

辅导员要想提升整合时事政治的能力，要深刻理解时事政治在思想政治教育中的重要作用。时事政治是思想政治课程资源的重要组成部分。思想政治学科教材和现实生活相比，具有一定的滞后性，在教学中整合时事政治可以增强教学内容的新鲜感和时代感，激发学生学习思想政治的兴趣，培养学生分析实际问题的能力。辅导员整合时事政治，可以帮助学生以生活经验为基础，从社会发展要求的角度理解学科知识，提升思想政治素养、道德修养、法制修养和人格修养。

辅导员要想提升整合时事政治的能力，要养成关注时事政治的习惯。这就要求辅导员随时关注党和国家的路线、方针、政策，关注国内外政治形势的变化，做整合时事政治资源的有心人。

辅导员要想提升整合时事政治的能力，要善于运用信息技术。当前，以计算机及网络为核心的信息技术已经成为教师教学和学生学习的必备工具。运用信息技术平台，辅导员能够更便捷地找到符合需要的时事政治资源；运用信息技术工具，辅导员能够更轻松地实现对时事政治资源的加工处理。运用信息技术，学生也能够参与到整合时事政治的过程中。借助信息技术整合时事政治，既提升了辅导员整合时事政治的能力，又提高了思想政治教育效果。

（三）提升学生树立正确世界观、人生观、价值观引导能力

世界观、人生观、价值观的正确与否决定着大学生道路走的正确与否，因此辅导员要提升大学生树立正确世界观、人生观、价值观引导能力。

辅导员要想提升引导学生树立正确的世界观、人生观、价值观的能力，就要激发思想政治理论知识与学生原有认知的双向互动。辅导员应当认识到，只有学生主动建构的思想认识才能“内化于心”。当思想政治学科知识、实际生活与学生的思想产生互动时，学生就会认同辅导员所传递的思想观念、情感意志，发自内心地愿意用新的思想观念代替原有的思想观念，从而树立正确的世界观、人生观、价值观。还要积极构建学习共同体。学习共同体与传统班级的主要区别在于，

学习共同体内的成员之间良性互动，能够协调有序地交流合作，在学习中发挥集体教育的作用，使每个成员获得最大限度的发展。以学习共同体为基本组织单位的合作学习，对学生而言，不只是问题的解决、任务的完成、知识的建构、能力的提升，更多的是通过学习过程中与同伴之间的人际交往、沟通启迪、表达倾听、互助分享等学习行为，逐步达成情感态度与价值观的教学目标。

四、高校辅导员思想政治教育工作内容创新

（一）注意因材施教

辅导员在设置思想政治教育内容时，应遵循教育规律，一是根据学生群体所处的阶段，有针对性地选择侧重点不同的教育内容；二是根据学生的个人需求和特点，定制实时性的教育内容，提升教育内容的适恰性。

1. 根据学生群体的层次选择侧重点不同的教育内容

辅导员的思想政治教育内容应该符合大学生的年龄、知识积累和思想品德的发展实际，避免出现教育断层现象。

第一，针对思想还不成熟，容易受到各种思潮影响的大一学生，辅导员选择教育内容时可以从适应大学生活的角度入手，开展宿舍、校园、网络安全教育，加强校史校纪教育以及开展学业规划教育等，帮助大一学生适应大学生活、更快地融入大学。

第二，针对大二或大三学生，他们已经熟悉了大学校园的生活，这时他们或多或少会在专业知识学习方法和未来发展方向上“迷茫”。因此，辅导员可以侧重于基本道德规范教育，开展法律教育、生命观教育、诚信教育等，培育大学生正确的三观，同时，帮助大学生进行人生规划，了解发展方向。

第三，针对即将毕业的大四学生，辅导员的教育内容设置应从适应社会生活的角度入手，开展职业道德教育、社会公德教育、职业选择教育和就业观教育，帮助其将个人人生发展目标与国家社会的发展方向有机结合，培养大学生的社会价值感和奉献感。

2. 根据学生个人的特点定制“一对一”教育内容

针对不同个性的大学生，辅导员要结合学生的个性特点、家庭成长环境、人际交往特点等，选择适合学生的教育内容，及时发现并帮助大学生解决各种问题和矛盾，使其用正确的世界观、人生观、价值观来指导自己的行为。

第一，针对理想信念感不足的学生，辅导员要定期开展理想信念教育，评选

学生所学专业的优秀榜样和模范，利用邀请优秀学长学姐回校讲经验的机会，为学生树立榜样，帮助学生树立正确的个人理想，并引导学生向优秀的学长、学姐学习，将个人理想与时代目标融合。

第二，针对心理状态不稳定的学生，辅导员要将思想政治教育内容与大学生心理健康教育内容相结合，为大学生提供心理健康辅导，帮助学生积极地看待社会发展和个人发展，引导他们辩证地看待社会问题，树立正确的价值观。

第三，针对大学生党员和班干部，辅导员要以“最近发展区”理论为依据，为其树立准确的思想道德标准。辅导员应通过与大学生党员和班干部展开深入的沟通和交流，了解其思想政治状况，从而有针对性地为其确立发展目标，充分发挥大学生党员和班干部的模范带头作用。

（二）立足日常生活

以大学生的问题和困惑为导向，了解和掌握大学生的思想状态和思想实际是提升思想政治教育的亲和力的有效切入点。出生于网络信息化时代的“00后”大学生与以前的大学生相比，对新鲜事物的接受能力更强，其好奇心也更大，同时更加关注社会问题和自身的发展。因此，必须充分考虑学生的生活特点和思想政治教育理论课的不足，把社会上的热点和学生的专业特点融入日常教育过程中，找准教育的时机，使思想政治教育贴近生活、融入生活，从而无形中营造一种自觉开展思想政治教育的生活氛围。

1. 增强教育素材的真实性

网络时代，有趣的事物更容易引起人们的兴趣，也更容易被人们接受。只有真实的教育内容才可能被“00”后大学生接受，达到真正的教育效果。因此，辅导员必须选择大学生接受的内容切入学生的情感，在此基础上渐进地输出教育观点，最终达到应有的教育效果。辅导员要留心学生身边的人、校园里的人和事，并运用到思想政治教育过程中，以此为论据来论证自己的观点，而不能单纯地进行理论讲述，否则思想政治教育是“有骨无肉”的，极易引起学生的反感，也很难受到学生的真心欢迎。思想政治教育素材应选择贴近大学生生活、更容易激发大学生共鸣感的平凡人物，而不应局限于英雄人物。远离大学生的杰出英雄固然重要，但身边的平凡英雄也很可贵。

2. 坚持教育观点的辩证性

辅导员在开展思想政治教育的过程中，输出的每一个观点都要符合历史，且能够经得起时代的检验。在开展思想政治教育的过程中，辅导员不能只讲好的方面，要全面地讲述内容，确保教育内容的真实性，这样有利于学生辩证思维能力的提升。若辅导员在进行思想政治教育的过程中，为了更完美地论证观点，对教育素材进行了修饰或者掩盖了某些不利于观点的部分，一旦学生通过其他渠道获取了真实素材，则会产生严重的负面影响。

（三）充分利用大数据技术

大数据技术使得高校思想政治教育手段和环境发生大变革，进一步加快了信息搜集、整合的速度，拓宽了育人路径、内容和手段。高校理应运用大数据技术实现技术贯穿高校思想政治教育全过程。作为全过程重要一环的辅导员应运用大数据技术这一便利手段，以学生需求为出发点，以最大限度地发挥思想政治教育的价值为目标，去了解让学生更易于接受和理解的思想政治教育内容，更能接近学生、反映学生的学习和生活的内容以及选材和内容都鲜活的生动案例。

1. 利用大数据丰富思想政治教育内容

以往思想政治教育的内容素材源于教材和传统媒介所获取的有限信息，大数据时代，辅导员可以利用大数据技术挖掘和采集与思想政治教育相关的内容。例如，辅导员可以运用大数据技术及时获取各方面的信息，包括新闻热点、时事政治、学生课堂表现、学生成绩、学生校园活动、网络活动等，从而将相关的信息汇集到数据库中，为思想政治教育储存丰富的教学素材。

2. 运用大数据技术丰富思想政治教育的教学形式

辅导员当面讲解、学生参与讨论、课下开展实践活动等是思想政治教育过程中常用的教学形式，如今，辅导员可利用大数据技术，融合云教材、云班课和云平台，构建智能化的课程体系。辅导员可将数字化技术，如 3D 技术和 VR 技术等搬进课堂，使学生更加直观地感受和体验教学内容。

（四）加强人文关怀

加强人文关怀，是指辅导员设置和规划教育内容时要注重向学生的教育预期靠近，关注学生个体利益的实现，拓展思想政治教育的外延，更有针对性地解决学生的独特问题。

1. 将思想政治教育融入资助工作

辅导员要根据大学生的需求动态变化，从以下几个方面入手。

第一，辅导员要注重经济资助工作的开展。大学生因为物质条件不足很容易引发思想问题和心理问题。辅导员要通过与学生、学生家长、班干部和宿舍舍友的沟通，真实了解学生自身家庭经济情况。

第二，辅导员要在经济资助工作的基础上，做好思想引导工作，帮助大学生，尤其是贫困大学生树立正确的金钱观和消费观，理性看待自身的经济情况。

第三，辅导员要对贫困大学生进行能力提升教育，提升其自我救助的能力，帮助其树立正确的勤工助学思想，保持经济帮扶与志向指导的平衡性，通过加强艰苦奋斗教育和自力更生教育，帮助贫困大学生树立正确的人生目标，提升贫困大学生的就业能力。辅导员应通过资助工作帮助大学生解决因家庭贫困而产生的实际问题，满足学生的经济需求。在满足贫困大学生基本经济需求的过程中，辅导员要保护学生的自尊心、自信心，培养其进取心，更好地促进贫困大学生的健康成长，使其在资助服务中体会到思想政治工作的教育力量，从而更加亲近和信任辅导员。

2. 将思想政治教育融入创新创业教育

辅导员在日常思想政治教育的开展过程中，要注意融入大学生创新创业教育，把大学生的就业需求摆在首位，突出对学生需求的关注，努力把思想政治教育与创业就业工作有机结合，充分发挥思想政治教育对创新创业大学生的引领作用。

（1）注重对学生进行创新创业的理论指导

一方面，辅导员要时刻关注“互联网+”大学生创新创业大赛、“挑战杯”中国大学生创业计划竞赛、全国大学生电子商务“创新、创意及创业”挑战赛、“挑战杯”全国大学生课外学术科技作品竞赛、“创青春”全国大学生创业大赛以及国家级大学生创新创业训练计划等大赛的相关信息，利用主题班会、社团活动等形式对学生进行指导教育。

另一方面，辅导员要积极筹办讲座，邀请相关专家进行指导或者邀请优秀的学长学姐分享参赛经验，增加大学生对创新创业大赛的了解，激发大学生的兴趣。

（2）辅导员要鼓励学生积极参加创新创业活动

首先，辅导员应组织学生参观创新创业实践基地，进行实践教育，为创新创业竞赛准备素材。

其次，辅导员应抓住合适的教育时机，帮助大学生了解国家对创新创业的各项政策，鼓励和支持有能力的大学生利用创新创业大赛舞台了解各个行业和各类职业，锻炼自己的职业和行业适应能力，为毕业后创业和就业打下良好的基础。

再次，辅导员应培养大学生的艰苦奋斗精神，让大学生把握住创新创业的机会，积极就业创业。

最后，辅导员应引导大学生了解自己的性格特征，根据社会对人才的需求和自己所学专业的前景，树立正确的就业观，摒弃职业偏见，避免“眼高手低”的错误思想，选择正确的职业。大学生在创新创业教育中的收获，会增强辅导员教育内容的信服力。

（五）深入开展“四个自信”教育

新时代，在高校思想政治教育工作中开展“四个自信”教育对促进大学生思想发展具有重大意义，同时“四个自信”有助于创新教育模式，促进大学生思想政治教育的融合发展。开展“四个自信”教育，需要以马克思主义思想为出发点，并从以下三个方面完善教育体系。

第一，马克思主义思想为中国特色社会主义实践提供了理论指导，而“四个自信”也是中国共产党基于中国目前发展的形势提出的新思想，也是马克思主义思想的新发展。因此，要坚持“四个自信”，就必须认识到马克思主义对我国的重要性，把“四个自信”的意义放在民族复兴、祖国未来和个人发展上。“四个自信”和思想政治教育两者之间有联系。“四个自信”具有强劲坚实的力量，在高校思想政治教育中，辅导员应当发挥马克思主义思想引领作用，深入开展“四个自信”的理论研究，以帮助学生实现自我意识和自信意识的提升。

第二，根据我国历史发展特点，需要全体人民重视历史。中国共产党带领人民坚定不移走中国特色社会主义道路，这将成为我国人民永远不变的初心。“四个自信”的理论是在长期的发展过程中形成的。抗日战争时期、解放战争时期和改革开放时期，党领导全国各族人民创造历史的过程，也是形成“四个自信”的过程。所以，辅导员应该提高自身做学生良师益友的能力，在大学生思想政治教育活动中，要通过历史学习，强化学生的民族认同感，并且在这一过程中需要将国家的命运与党的建设事业充分有效结合起来。

第三，实践是一切理论的立足点。辅导员在大学生思想政治教育工作中，应当注重消除学生对“四个自信”的疑虑，合理安排学生实践教学活动，充分发挥思想政治教育的实践功能，为高校思想政治教学提供科学的学习方式。在实践中，学生可以通过与自己密切相关的社会现实，不断强化对生活的理解，强化民族认同感以及民族自豪感，深化对“四个自信”的认识。

（六）构建思想政治教育符号完善的话语体系

在传播过程中，传播符号是传播内容的表现形式。构建完整的学科话语体系是思想政治教育进一步发展的目标之一，也是实现学科知识体系化、系统化的必要手段。辅导员应注重对思想政治教育内容的改进，学会巩固、整合已有内容，规范思想政治教育话语符号。

1. 规范思想政治教育话语符号

美国哲学家、符号学先驱查尔斯·桑德斯·皮尔士认为，“一个符号，或者说象征，是某人用来从某一方面或者关系上代表某物的某种东西”。传播学的集大成者威尔伯·施拉姆，也曾强调过符号在传播中的重要作用，认为无论人们怎样称谓符号，符号总归是传播的元素，能够释读出“意义”的元素。可见，符号具有很强的象征性，是某种程度上传递内容、释义、内涵的工具。符号能够形成一种定式，促进传播内容规范化，强化传播效果，便于受众接收信息。

借鉴传播学领域的符号概念，构建思想政治教育的话语符号体系，用特定的语言符号传递思想政治教育相关内容具有很大的现实意义。一方面，在思想政治教育领域还缺乏相应的符号体系，这一补充对于辅导员思想政治教育工作的改进具有促进作用，具有符号意义的教育内容也便于识记。另一方面，仅仅将思想政治教育的内容概括为一些或部分符号又显得较为单调，缺乏生命力和整体性，因此在构建符号体系的过程中还要注意对相关内容的适当控制。

2. 完善思想政治教育话语体系

在当前社会转型和发展的攻坚阶段，传统思想政治教育话语体系也面临着很多挑战，思想政治教育本身有一套完整的思想理论体系、实践活动体系等，因此，辅导员在坚持传统优势的同时，还需要转变观念，结合当前实际，在构建思想政治教育符号体系的基础上，最终达成完善思想政治教育话语体系的总目标。

（1）要在内容上坚持传统性与时代性相结合

社会始终处于不断发展变化之中，历史和实践都表明故步自封的事物是没有前途的，只会被历史淘汰，思想政治教育也不例外，最根本的还是要坚持与时俱进，借鉴吸收新知识、新方式。辅导员只有在传承话语体系中优秀精华的基础上融入当下流行话语，传递出紧贴生活、通俗易懂的信息，才能更有效地提高学生的接受程度。

（2）要避免威压式的话语体系

在学生的主体性因为新媒体而得到强化的背景下，辅导员单纯地使用“填鸭式”教育是无法获得学生真正的认可与喜爱的，也无法更好地实现思想政治教育的最终目的。完善的话语体系也要关注学生的诉求，亲近学生，成为可以为学生解决实际问题和思想困惑的有效途径。

五、高校辅导员思想政治教育工作方法创新

（一）增强学生感悟，提升教育方法的体验感

1. 利用感染教育法，增强学生的情感体验

感染教育法是指辅导员通过营造或创设环境，发挥外界作用，调动大学生的情感和情绪，使大学生潜移默化地接受影响的一种教育方法。感染教育法是指辅导员通过发挥榜样的力量来唤醒大学生的情感共鸣，促使大学生主动地接受思想政治教育内容，具有较强的渗透力。没有情感共鸣就没有大学生对真理的追求和信仰。辅导员要用自身对马克思主义的坚定信仰和对中国共产党的拥护之情，感染学生，激发大学生的信仰信赖情感，引发大学生思想和情感的共鸣，激发学生的学习兴趣。在“用情带情”的过程中，辅导员要注意寻找的榜样不能离大学生的生活过远，否则容易造成“隔靴搔痒”的状况。

第一，辅导员自身作为教育者，应该充分发挥示范作用，通过自身的情绪情感来感染学生，在与学生的长期相处中影响学生。

第二，辅导员要培养优秀的学生，选拔优秀的学生干部，在特别的节点，表彰在某些方面有突出表现的学生，为学生树立学习的榜样，激发学生的进取心。

第三，辅导员要善于从学生所学专业入手，请优秀学长重返校园，开展经验分享会、新生导航会，激励学生。在情感教育过程中，榜样的情感力量会更容易让大学生接受思想政治教育，将教育要求转换为行为习惯。

2. 利用实践锻炼法，增强大学生的生活体验

实践锻炼法是让学生参加各种实践活动，在活动中锻炼思想，增长才干，培养优良思想和行为习惯的方法。大学生通过参加社会实践、实践研修等实践教学，能让之前学过的课堂知识点更加直观、具体地呈现在面前，理论和实际联系起来，对思想政治教育的感受更深，有利于巩固思想政治教育成效。

第一，辅导员可以利用假期组织学生参观爱国主义教育基地、革命老区，开展志愿服务活动等。实践的方式能够让大学生更深入地体会日常理论教育，丰富大学生的感性认识，增强大学生对今日美好生活来之不易的体会。

第二，辅导员要激发大学生体验生活的热情，引导大学生进行自我教育。在开展主题班会或党团日活动前，辅导员可以将选择主题的权力交给大学生。辅导员应通过对学生进行调查，了解大学生真正关心的问题和大学生的实际需求。

第三，辅导员要注重学生的自我教育。在教育活动中，辅导员应发挥主导作用，组织学生讨论、辩论，引导学生进行自我教育，增强学生的自我体悟。

（二）紧跟时代发展，提升教育方法的时代感

随着时代的发展和技术的进步，辅导员应不断创新教育方法，推陈出新，借助多样化的网络平台和强有力的意见领袖，增强教育方法的时代感。

微信、微博和抖音等网络平台凭借其便捷性和共享性的特点，成为大学生通用的交往工具。辅导员要利用大学生喜闻乐见的平台来开展思想政治教育工作。

第一，辅导员应精心打造自己的朋友圈，利用自己的亲和力来感染学生，发挥朋友圈“言传身教”的作用。

第二，辅导员应在网络平台上发布一些大学生感兴趣且对他们的学习和生活有所帮助的内容，或者发布一些与大学生交往的点滴日常，拉近师生距离。

第三，辅导员在网络平台上切忌发布一些消极、不健康且充满负能量的内容和信息。这些内容和信息会给大学生留下极坏的印象，降低辅导员在学生心中的地位，也不利于辅导员日后对学生开展思想政治教育。

六、高校辅导员思想政治教育工作方式创新

（一）以走访学习生活场所为手段

学生面临着较为繁重的学业负担和压力，在与导师和同学的交往中或多或少存在着一定的人际问题，而辅导员就是化解学生各方面压力的调和剂。辅导员应当将深入学生学习生活场所作为思想政治教育工作的方法，将工作做在平时。以走访寝室的方式，开展寝室谈心，在轻松的氛围中了解学生在学业、情感、人际、家庭等方面的情况，关心亲近学生，赢得学生的信任。

针对学生的特点，辅导员应采取多种方式，深入学生。对于在校的学生，辅导员可以在学生休息时主动深入其中，如与学生共同探讨学习进展，以此了解学生的学习状态和情绪，根据平时对学生的了解，给予其就业指导和职业生涯建议等。对于不在校的学生，辅导员可以定期联系学生，约定时间实地走访，为师生见面交流创造条件。辅导员应始终与学生在一处，深入学生，帮助学生。

（二）重视第二课堂的教育功能

辅导员要重视第二课堂对学生综合素质培育的重要作用，领会第二课堂对学生全面成长成才的重要意义，开展学生喜闻乐见、健康向上的校园文化活动，激发学生的参与热情，实现以文化人、以文育人。辅导员可以围绕党的百年奋斗、革命建设改革成就、主题教育基地、重要历史事件纪念日和传统节日等组织开展主题教育，让大学生在活动中潜移默化地提升思想政治素质。要想充分发挥活动的影响力，辅导员要提高活动策划能力，把握开展活动的契机，保障活动开展的连续性；在各类思想政治活动中，要提高第二课堂成绩单方法的运用效率，以阶梯式发展开展教育，以研究型方式展开学习。例如，有的学校每一季度都会举办特色实践活动，如在春季会举办“孔子文化月”，让学生在活动和仪式中学习儒家文化的精髓，加深对仁义礼智信的思考，感受儒家思想文化的魅力，增强学生的文化自信心。要想使第二课堂的思想政治教育功能充分发挥，辅导员要善于利用学生团体和自治组织，发挥学生在集体中的影响力和号召力。辅导员要以共青团、学生党支部、班级、学生会、社团等为依托开展大学生思想政治教育，并着力实现各组织间的优势互补。通过班集体培育奋发向上的学风，通过党团组织厚植学生的爱国情怀，通过学生会锻炼学生自我管理、自我服务的能力，通过社团活动培养学生的集体意识和实践能力。

辅导员要借助学生骨干的力量，提升集体的凝聚力，为深入开展大学生思想政治教育扫清障碍。辅导员要积极培养和任用有较高思想政治觉悟的学生干部和学生党员，通过他们搭建起和普通学生沟通的桥梁；要让他们成为学生中的表率，发挥模范带头作用，以点带面，促使全体学生开展自我教育，从他律走向自律，将“要我怎样”转变为“我要怎样”，促进学生思想政治水平的全面提升。

（三）开展情感教育，实行民主管理

师生之间在情感的交流中敞开心扉，可以让思想政治教育更为顺畅，能有效地提高辅导员思想政治教育工作的成效。对个性鲜明、思想活跃的当代大学生进行情感教育，应当成为大学生思想政治教育的重要方式。“亲其师才能信其道”，情感教育的第一要素是辅导员的亲和力。亲和力能够使学生对于辅导员的亲近和信任上升到对其传播的观点、精神、理念、知识的认同上。辅导员要关心学生、信任学生、尊重学生，形成良好的情感交往。这种情感往往会促成和谐的师生关系、良好的师生感情，辅导员多亲近学生、温暖学生、关爱学生，就能争取到学生的信任和支持，让学生主动追随自己的思想政治教育步伐。辅导员的个人魅力则是情感教育的第二要素，辅导员个性魅力的作用远远大于权力影响力的作用。情感教育要求辅导员用自己在学生心目中的良好形象和个人威信去影响学生的思想状态，辅导员的个人魅力可以通过坚持公平公正的工作原则、突出学生所期望的个性特质来培养。辅导员利用自己的亲和力和个人魅力，将思想政治教育不失时机地融入工作实践，可以有效地提高思想政治教育的感染力，对学生产生潜移默化的影响。同时，辅导员要实行与情感教育相匹配的民主管理，改变以往生硬的管理方式，进行人性化管理，将民主思想贯穿于教育管理的全过程，将管理和育人相结合。在具体实施过程中，辅导员要做到政策制定和执行的合理化，争取到学生对自己思想政治工作的配合、理解与支持。

辅导员应当让学生参与到管理制度制定的过程中，避免制度推行过程中产生舆论对抗，在执行过程中应做到人性化，具体问题具体分析。推行某项规定时，要允许学生有一段时间的反应差，并积极地教育学生，让学生从“这项规定是什么”的问号阶段，经过“觉得没必要”的省略号阶段，最后到“应该这样做”的感叹号阶段。辅导员要充分重视学生的个人意见，给学生提供发声的机会，健全学生信息反馈渠道，引导学生树立正确的言论自由观，正确行使个人权利。

（四）加大网络思想政治工作力度

信息化时代的到来，使得大学生充分利用网络媒介获取信息资源，大学生思想观念的形成与行为习惯的养成大多受互联网影响。信息化时代正潜移默化地影响着大学生的生活。对此辅导员必须重视网络对大学生的潜在影响，整合传统教育方法和教育资源，提升网络思想政治教育育人能力，提高自身综合素质以促进高校学生培育工作平稳、高效运行。

加强网络思想政治平台建设，开发符合学生审美和兴趣的网络文化产品，发挥网络思想政治教育的优势作用，通过图、文、音、像等信息传播媒介传递主流价值观，挖掘出育人要素的最大效用。辅导员可以通过精品课、直播等形式，为学生提供丰富的思想政治教育资源，同时规定在线课程学习与学分挂钩，以保证学生在线学习的参与度。

辅导员要关注学生在各大网络平台上参与的话题讨论，对学生进行动态的追踪，对学生的思想政治问题防患于未然；要追溯这些话题的源头、剖析核心话题的实质内容，以此分析学生博主的所见、所闻、所思、所想，并以参与话题讨论的方式引导学生。

网络上意见趋同的多数网民的意见可以对网络舆论产生导向作用，因此辅导员可以针对个别学生的思想认知偏差在自主建设的网络平台上设置议题，给大学生提供审视自我的机会，帮助大学生不断纠正自身偏离的价值观。

（五）以校园文化为依托

校园文化承载着重要的育人功能，校园中的一花一树、一草一木皆构成了校园文化，整个校园都代表着、传递着校风和学风。首先，辅导员应结合学生的特点，以校园文化为依托，艺术性地开展多彩的学术、体育、娱乐等活动，将思想政治教育元素融入其中，并与智育、德育、体育和美育结合起来，从而提升大学生思想政治教育工作的有效性。其次，辅导员应依托重大节日进行有针对性的主题教育。最后，辅导员应鼓励学生坚持马克思主义信仰，并坚决抵制一切不良文化和腐朽文化。

（六）全方面拉近与学生的距离

1. 加强对学生生活方式的认知

当代大学生不管今后从事怎样的工作，都要以实现中华民族伟大复兴作为首要目标。青年兴则国家兴，青年强则国家强。因此，辅导员要充分认识到青年学生的重要作用，深化对青年学生的认知。

新媒体时代，大学生借助丰富的媒介手段有效地提升了学习效率，但各种信息资源在开拓大学生视野的同时，也在悄然影响着大学生价值观以及世界观的形成。一个人的价值观、世界观的取向是什么，那么这个人就趋向于成为什么样的人。整个社会的价值观直接影响大学生价值观的形成，而大学生的价值观极大程度上影响着其生活实践方式，进而影响社会的意识形态变化。对大学生生活方式的认知程度直接影响辅导员思想政治教育能力的提升效果。辅导员加强对大学生生活方式的认知，可以从以下几方面入手。

（1）从强化价值导向入手，构建精神支柱

对价值引导以及理念教育而言，这种方式是引导大学生养成良好生活习惯的主要方式。大学生要自觉抵制不健康的生活方式，提高自身的生活品质及质量，提升个人修养。辅导员是大学生抵制不良信息侵蚀的第一道防线，要与学生多沟通，以此引导大学生自觉抵制享乐主义以及个人主义思想的侵蚀，增强大学生的集体责任感及团队意识。

（2）以深化总体目标为主要方向，增强大学生的生活认知力

只有以清晰的目标为导向，学生才有进取的动力，信心也会随之而来，这样才能增加成功的筹码。大学生在自身成长过程中的首要目标就是明确前进的方向，树立好目标，只有将目标作为行为导向，才能形成良好的生活方式与行为选择。

（3）对发展导向而言，要对学生进行有针对性的主题教育

在当今网络发展的大背景下，互联网不受时间以及空间的限制，将虚拟与现实并存其中。在网络的浪潮中，蕴含着包括学习、娱乐消费等多方面知识。部分大学生无法对良莠不齐的网络资源进行筛选与过滤，进而无法明确自身的定位与发展方向。对辅导员来说，引导大学生养成正确的学习与生活方式至关重要，特别是防止大学生深陷虚拟空间，在现实世界与虚拟世界之间难以转换，因此迷失发展的方向以及丧失前进的动力。

2. 注重对学生情感表征的把握

注重对学生情感表征的把握对提升辅导员思想政治教育能力意义重大。大学生的情感表征把握是对自身情感的一种控制与掌控。在分析相关问题时，合理的情感把握可以避免产生冲动，在认识问题方面可以更加理性。增强对学生情感表征的把握，需要辅导员坚持以人为本，从人性的角度出发。在我国的教育体系中，始终坚持以人为本方针，这是我国教育体系的核心理念。最新的教育体系大纲重点解释了大学生思想教育工作的理念，不仅要以理论的形式进行教育，还要在感情上渗透培养。

在实际的教学中，辅导员要坚持以学生为本的教育理念，要贴近学生的生活和实际，拉近与学生的距离，有针对性地对学生进行教育。对于情感上的教育，辅导员可以借助相关教育活动的具体形式开展，因为具体的意识不好把握，所以强制性的教学不能使思想政治教育工作顺利开展。辅导员对学生情感的把握上升到更高层次的同时，也促进了辅导员思想政治教育能力的提升。强化对学生的家国情怀教育，也可以间接地加强对学生的情感表征把握。

在大学生情感教育中，辅导员要利用大学生的爱国情怀进行教育，此方式是至关重要的，也是最为有效的。辅导员要引导学生了解我国不畏艰难的奋斗历史，可以通过观看爱国教育纪录片、参与爱国主题教育日活动等形式，增强学生的爱国情怀，使其建立起国家自豪感以及民族认同感。

同时，辅导员要加强大学生的社会责任感，使其在日常生活中遵守行为准则。大学生只有在日常生活中不断激励、鼓励、严格要求自己，才能为社会、为国家

建设贡献出自己的绵薄之力。辅导员在教育过程中，首先要做的就是通过教育使学生先培养起对自我负责的意识，进而对自己的行为负责；然后就是要对社会和他人负责，大学生在成长过程中与他人接触频繁，在与别人的交流和合作中主动承担起自己的责任，也是一种对社会、对生活积极负责的表现，最终使学生的责任感上升到社会层面，形成以爱国主义为核心的民族精神。

第六章　高校辅导员思想政治建设策略

高校辅导员离学生最近、与学生接触最多、最容易对学生起到影响作用，可以说处在思想政治教育最前沿，是一支影响学生价值选择、引领学生思想观念走向的重要队伍，是一支比较特殊而又重要的队伍，具有不可替代性，是实现“立德树人”目标的重要依托，因此，新时代背景下，要建设高质量的辅导员队伍就要进行思想政治建设，这也是高校育人工作适应新时代高质量发展的重要环节。本章包括高校辅导员思想政治建设的重要意义、高校辅导员思想政治建设的具体路径、高校辅导员思想政治建设的发展方向。

第一节　高校辅导员思想政治建设的重要意义

近年来，随着高校教育事业的不断发展，高校辅导员的工作越来越重要，其为学生的成长和发展提供了必不可少的帮助。在这个过程中，思想政治教育便成为高校辅导员非常重要且必不可少的一项工作内容。对于高校辅导员思想政治教育队伍建设的重要意义，我们可以从以下几个方面来阐述。

一、有利于提升高校辅导员思想政治教育能力

（一）能力提升的政治意义

随着社会和科技的快速发展，社会环境也呈现复杂化特征。《新时代高等学校思想政治理论课教师队伍建设规定》中指出，在思想政治教育过程中要注意政治立场、政治原则和政治道路与党中央高度一致。在社会经济高速发展的时代，社会不断进步与更新，面对众多的新时代经济产物，辅导员也需要增强自身的鉴别力，取其精华，去其糟粕，辅导员如何在纷繁复杂的文化环境冲击下，教育引导学生坚持中国共产党领导，坚定共产主义理想信念，坚信中华民族一定会实现伟大复兴的中国梦并为之奋斗终身就显得尤为重要。习近平总书记的青年观明确

阐述了青年在社会进步、民族复兴、社会发展中的巨大作用。大学生是未来国家进步、民族复兴、时代发展的重任肩负者，在社会进步、民族复兴、社会发展中具有巨大作用。辅导员应不断坚定自身政治立场、提升教育水平，在教育过程中保证每一位大学生都能在思想成熟的航程中不触礁、不停滞，继而成长为国家和民族需要的人才，具有重要的政治意义。

（二）能力提升的时代意义

在大学生的学习与生活中，与学生联系最为密切的群体——辅导员充当着非常重要的角色，在学生思想快速进步的人生阶段，辅导员既是他们的良师，更是益友。因此，高校辅导员应该以马克思主义核心思想武装自身，在生活上给予学生关爱、在学习上给予学生帮助、在情感上给予学生引导、在心理上给予学生强大力量，努力扮演好学生人生道路上的引导者。并用文化自信来影响教育大学生，进而强化大学生的素养。唯有如此，才能帮助大学生在激烈的国内外竞争中用马克思主义思想武装其政治头脑。最终使辅导员的思想政治教育工作得以全面开展。

高校辅导员应深刻领悟习近平新时代中国特色社会主义思想的精髓与内涵，用自己的所学所悟帮助大学生树立正确的思想认同和情感认同，让其在面对国内外复杂局面能够明晰政治站位的同时，促进高校思想政治教育工作良性发展。

二、有利于提升辅导员思想政治教育反馈调节能力

辅导员通常需要满足两类工作要求：一种是在日常工作中，及时、恰当地了解和解决学生面临的现实困难和思想问题；另一种是在考核评价中，运用反馈调节方法获得各方对自身工作业绩的评价。前者能够确保辅导员尽量满足学生和上级的要求，后者通过反馈调节实现职业能力的进步。高校辅导员思想政治教育反馈调节方法在了解学生的思想状况和改进辅导员工作等方面有其独特价值。

（一）掌握大学生的思想状况

大学生群体具有三观未定型、辨别能力弱的缺点，极易受到来自社会的各种思潮的干扰。大学生的思想是不容易被洞察的，加上思想工作本身的复杂性，极易导致统计结果失真，使得相应的实施策略受到影响。学生工作需要获得学生的理解与信任，高校辅导员必须随时与学生保持联络和互动，使师生的双向交流通道更加便利畅通。当准确把握学生的思想和情感时，辅导员开展工作往往有理有据、事半功倍，反之则会导致方向错误、思想混乱，有时甚至会使工作陷入僵局。思想政治教育反馈调节方法具有渠道多样、专业性强、显真性高等特点，有利于

学生的思想、心态与情绪等变化趋向合理地反映到辅导员处，也有利于构建健全的信息反馈通道和高效的信息处理机制，从细微处加强对大学生的思想状况的了解。根据辅导员的实际工作性质和特点，高校辅导员对于大学生的思想的把握主要可以分为以下两个着力点。一是日常反馈，指的是辅导员注意在处理日常事务时可以作用于个人反馈的相关知识，观察每个学生的言行举止，在与学生的接触和了解中得到对其态度、性格、品质的基本印象，从而提高评价和认识学生的准确度。二是活动反馈。日常思想政治教育活动是高校辅导员的重要工作内容，有时需要辅导员进行全程组织、策划和管理，其在运行过程中可以借鉴组织反馈的思路，观察某类学生或特定学生群体的实际表现和所做贡献，从而深化对学生整体状况的了解。

（二）预防大学生心理危机

大学生心理危机具有影响面广、破坏性大的特征，往往能够对高校正常的教学秩序和生活秩序造成较大威胁。根据大量的实际案例可知，引发大学生心理危机的因素隐藏在日常生活的细节中，能否及时得到这些反馈信息决定了危机处理的成效。因此，大学生心理危机的预备阶段或初始阶段是进行干预的最佳时机，任何信息的延报都有可能导致危机的扩大。

思想政治教育反馈调节对于学生心理危机干预的帮助主要体现在协助预防方面，主要表现为对将要发生或将初步发生的心理危机进行适当的引导与转化。预防大学生心理危机应将组织反馈作为主要抓手，将个人反馈和社会反馈作为辅助手段，根据学生在心理危机中的行事特点，反馈调节的优势在于早发现、早干预，及时化解引发心理危机的深层次矛盾，全方位、多渠道地了解学生心理危机的根源、嬗变和趋势。具体来讲，通过反馈调节进行大学生心理干预可以从以下两个方面入手：一是在心理危机发生以前，通过信息反馈提前获取危机发生的相关信息，积极采取防范策略，避免心理危机的发生，防患于未然。二是在心理危机刚刚出现时，及时采取切实有效的调节措施，阻止其蔓延，将其解决在萌芽状态。高校辅导员需要以思想政治教育反馈调节全面性与侧重性相结合的原则指导工作，将普遍预防和重点预防结合起来，以此提高对大学生心理危机的预防力和管控力。

（三）改进高校辅导员工作的方法

现阶段，高校招生不断增加，学生群体也越来越复杂，其中不仅有独生子女群体，还包含着家庭困难的学生群体，以及与此相反的高消费群体。辅导员作为一支高等学校的年轻化教师队伍，是高校思想政治教育队伍相对不占优势的一方，但他们与大学生年龄差距相对较小，又可以将劣势变为优势，对大学生的指导效果也优于其他教师。辅导员可以成为学生心理健康问题的疏导者，真正为学生排忧解难，所以辅导员更适合为学生做心理问题方面的辅导。辅导员通过学习相关知识可以组织全校性的心理测试，针对测试结果对学生进行心理咨询服务，并为学生建立档案，开展以年级为单位的心理健康讲座或以“大学生心理”为主题的座谈会，有针对性地指引大学生塑造良好的心理人格。

同时，面对目前的就业压力，辅导员要提前为学生的职业规划搭建平台，给学生就业指导提供一定的帮助。在平时辅导员不光要关注学生的学习生活，还要注重培养学生虚心学习的精神，对学生毕业就业的重要信息时刻给予关注，努力做好帮助学生就业的规划。现阶段，随着高校人数的增多，我国也提出了新的就业形式，现在越来越多学校鼓励大学生进行自主创业。近年来，大学生就业压力逐步增大，辅导员应引导大学生先就业再择业，特别是面向基层就业，同时鼓励大学生进行自主创业，让创业带动就业。

辅导员要根据学生自身情况，给学生的创业提供一定的指导意见，并且加大毕业生就业信息的采集力度，指导大学生规划自我职业生涯，让大学生清晰认识自身需求，看清就业形势，规划自己的职业生涯，在大学四年时间里努力学习知识，锻炼能力，培养一些良好的习惯，及时应对人生的转折点。所以，辅导员必须根据学生的具体情况对其提供帮助，结合社会实际情况给予大学生就业指导，为学生职业规划搭建平台，努力指导大学生进行职业生涯规划。

三、有利于提升帮助学生全面发展的能力

辅导员可以帮助学生认清自己的梦想和追求，帮助学生规划自己的时间和人生目标，并提供专业的建议和支持。此外，高校辅导员还可以通过讲座、讨论、研讨等方式，让学生了解不同行业和专业，了解自身的长处和不足，从而促进学生的全面发展。

（一）提高学生的思想政治素质

高校辅导员与学生接触的机会较多，通过对学生进行系列教育引导，可以促使学生加强对自身的观察和思考，更好地理解社会和国家现状，从而提高学生的思想政治素质。

（二）提高学生的民族责任感和使命感

高校辅导员还可以通过宣传介绍国家的发展历程，进一步增强学生的民族认同感和自豪感，让他们认识到自己在祖国未来发展中所处的地位和肩负的责任。同时，辅导员也应该引导学生，以自己的未来和前途为出发点，昂首向前，发挥自己的力量，为实现国家目标而奋斗。

（三）提高学生的综合素质

对高校辅导员而言，思想政治教育不应仅仅停留在学术层面上，还应该培养学生的道德品质、文化素养等多方面。因此，高校辅导员在思想政治教育方面所起到的重要作用，也可以推动学生综合素质的提升。

高校辅导员思想政治教育队伍建设不仅关乎学生的个人未来发展，更影响着国家和社会的长远发展。高校辅导员应该加强学习和培训，不断提高自身思想政治教育水平和素质，有效组织、落实、推进思想政治教育工作。同时，辅导员也应引导学生积极参与社会公益活动，培养学生的公民意识和社会责任感，从而使高校辅导员的思想政治教育工作不仅成为学生成长成才的助推器，也能够使学生为建设更为美好的未来作出努力。

四、有利于提升辅导员为学生和学校做贡献的能力

加强辅导员思想政治建设能奠定高校平稳发展的基础。辅导员日常细致的工作是维持高校稳定发展的基础，高校的稳定持续发展离不开辅导员。辅导员以坚定信念化解各种不可抗拒的因素，为高校的平稳发展作出努力。当前，高校面临思想具有独立性、选择性、多变性的学生，他们在学习和生活中不断出现新问题、新情况，这些都会影响高校的稳定发展，所以，如果高校具有专业素养高的辅导员队伍，就能增进高校发展的稳定性，从而使高校真正落实“以人为本”的原则，为大学生提供更加全面的管理与服务。

（一）为高校学生成长指点迷津

数十年以来国家对辅导员队伍的积累已逐步转型。辅导员在大学生成长的道路上发挥着重要作用，可以帮助大学生解决日常生活中出现的各种问题。辅导员为学校培养社会主义合格的建设者和接班人做出了巨大贡献，并推进高校高等教育事业不断向前发展。辅导员必须科学严谨地管理学生日常，并且可以培养出色的学生干部来辅助工作。

（二）为高校学生踏向社会树立榜样

辅导员队伍专业化的建设不仅能为大学生的校园行为起到榜样带头作用，还对大学生的社会行为起着引导性的作用，培育出求真务实的合格大学生。高校有各类专业的教师分别研究社会各行各业，学生可以选修很多教师开设的课程，在不同的课程中，学生可以得到不同教师的指导和教育。而步入社会最重要的是“真实”，这就需要辅导员的约束和教导了。大学生世界观、人生观、价值观已成型，要想了解、判断、指引大学生思想的正确朝向，那就需要辅导员对学生德育进行观察和考核。辅导员要熟练掌握马克思主义基本理论、心理学、教育学等知识，还要用自己的人生经验和感悟来教育甚至感染学生，教学生如何在社会上变得更加“真实”。思想是行为的指南，思想端正，行为就不会有偏差，人也会慢慢更加自律，踏向社会自然会“真实”，也不会偏离正轨。

（三）为高校人才培养奉献力量

教育是关乎国家稳定发展的核心力量，为谁培养人，培养什么样的人，不仅仅是学校和教师的事。教师强则教育强，教育强，国家才会有希望。高等学校的教育，以育人为本，德智体美劳协同发展，以便更好地引导学生世界观、人生观、价值观的发展路径。而辅导员则是与学生接触最密切的老师，奋战在教育工作的一线中，与学生的成长成才有紧密的联系，可以帮助高校培养人才。为了加强现代大学生的思想道德修养，必须有高素质的辅导员团队。随着经济全球化、信息化、网络化逐渐发展，高校思想政治教育工作正在面临严酷的挑战，只有高素质的专业辅导员队伍，才可以促进高校开展学生思想政治教育活动。专业的辅导员队伍只有把握好思想政治教育的科学规律，才能不断改进工作方式去适应现实状况，以培养合格人才。

第二节　高校辅导员思想政治建设的具体路径

一、高校辅导员与思政课教师协同育人建设路径

高校辅导员和思政课教师是高校育人工作中不可或缺的角色。虽然两者角色定位和具体任务有所区别，但协同育人建设是实现高校育人目标的有效手段。

（一）加强协同育人过程中的机制建设

在高校内部辅导员和思政课教师归口不同，隶属关系不同，要想实现二者有效协同，必要的体制机制至关重要。

1. 领导管理机制

高校辅导员和思政课教师要想在协同育人中全方位发挥各自优势，就需要建立一个科学的领导体制和运行机制，将原本分属于两个系统中的部门组织协调起来。在高校党委的领导下，成立领导小组，协调学生工作和思政教师归属教学部两个部门成立相应组织，让辅导员和思政课教师成为主体，包括其他相关部门、单位配合联动，消除两个部门在协同育人工作中的障碍，建立灵活高效的领导体制和运行机制。组织两个部门同时参与课堂实践、社会实践、主题实践、学术沙龙等交流活动，加强与政府和兄弟高校间的交流互动，相互学习，分享经验，将理论与实践相结合，充分调动高校辅导员和思政课教师的积极性，提高两支育人队伍的工作效率和育人质量。为保证协同育人工作顺利进行并取得理想效果，结合学校、部门实际情况，要相应建立沟通、部署、实施、管理、考核评价等相关制度。

2. 引导发展规划机制

建立健全有关高校辅导员和思政课教师职称晋升、评奖评优、绩效考核等相关激励政策，激发高校辅导员和思政课教师协同育人的积极性、主动性和创造性，提升队伍水平、提高工作质量、增强育人实效。在高校育人工作中，高校辅导员和思政课教师都有各自的工作职责，辅导员负责日常管理，思政课教师负责思想政治理论课教学，二者在工作中都比较繁忙，如果直接将二者协同，无疑给双方增加了工作压力，而且在工作量计算、课时费、评奖评优等关乎各自发展的问题上都没有明确的规章制度。因此，高校应建立高校辅导员和思政课教师随机交流和定期会面制度，及时就课堂表现、日常行为和心理动态进行交流和研判，共同研究解决或优化措施；制定相关绩效考核标准、工作量计算办法、评奖评优标准、职称晋升标准等；在职称评定中，制定符合辅导员和思政课教师职业特点的考核评定办法，将政治素质、思想道德素养和协同育人业绩作为考核标准，鼓励辅导员和思政课教师将更多的精力放到协同育人工作中。高校应当在党中央关于思政课建设和辅导员工作政策的大基础上，根据学校的实际情况，制定一套完善的辅导员和思政课教师在协同育人工作中的奖励和惩罚机制。对于在协同育人工作中表现突出的单位或个人进行表彰和奖励，树立典型，进行宣传和引导；对于消极对待协同育人工作以及没有按照要求进行协同育人工作的单位或个人给予相应的惩处。另外，高校还应加强过程引导和监督，建立退出机制，保证辅导员队伍和思政课教师队伍的纯洁性和战斗力。

3. 双向兼岗机制

思政课教师本身就是高素质专业人才，学历普遍较高，自身的理论基础雄厚，且经过了长期的系统化学习。但是对目前我国的思想政治教学现状而言，思政课教师更重视知识传授，在一定程度上忽略了育人的情况，且部分思政课教师和学生之间的沟通联系较少，往往只有在课堂上进行理论教学方面的沟通，对学生集体的了解不够透彻，对学生的日常实践教育参与较少，导致教育效果达不到预期水平。而部分高校辅导员存在着理论基础欠缺、理论水平不够高、在思想政治教育工作中思想政治引领不够等问题。针对上述情况，高校应适当在协同育人工作中采用双向兼岗机制。由思政课教师兼任高校辅导员的部分工作，利用自身专业知识水平较高的优势，学会如何走近学生、了解学生，针对相关学生展开有效教育，从而促进育人质量的提升。同时，高校辅导员要加强对思想政治理论的学习，以便更好地引导学生。

（二）加强协同育人过程中的平台建设

协同育人过程中的机制建设除了建设必要的体制机制外，也要加强协同育人过程中的平台建设。

1. 加强校内平台建设

加强高校内部相关平台建设能够为高校辅导员和思政课教师协同育人提供广阔的平台。高校可以根据实际情况，组织高校辅导员和思政课教师利用线上和线下的交流研讨会，通过交流发现各自的问题，及时解决。同时组织互换角色的活动或者职业转换活动，将一部分有思想政治理论专业基础、经验丰富的高校辅导员，通过培训和学习融入思政课堂，兼职讲授思想政治理论课；思政课教师可以将辅导员日常思政教育工作融入部分教学任务中，做兼职辅导员。高校辅导员和思政课教师通过互换角色，更容易发现自身的不足，从而更好地对工作做出改进，提高工作能力、水平和效果。高校应把好“入口关”，将思想政治素质放在首位，将政治立场坚定、工作态度认真、道德素质高的干部教师加入思想政治教育教学队伍中来。高校还应举行新入职辅导员和思政课教师入职宣誓仪式，增强其从事思想政治教育教学工作的荣誉感、责任感和使命感，对新入职的高校辅导员和思政课教师进行入职培训，牢固其政治立场、提升其理论素养、向其传授工作经验方法等，全面提高辅导员和思政课教师的综合能力素质。高校理应破除落后体制机制的校内壁垒，做好学校、院系、教师三方的工作，利用各大社交软件、网络媒体等进行全方位的协调，搭建好三位一体协同育人的平台。对于学校层面，集中整合学生工作和教学的相关资源，基于课程体系建设共同打造具有校内特色的教学资源平台，建设大批优质的思想政治工作典范型项目，推举一批优秀的辅导员和思政课教师，发挥优质项目和优秀教师相结合的示范性作用。对于院系层面，优化学生培养方式，坚持以学生为本，改革课程教学的管理模式以及课程的评价方式，可以让辅导员和思政课教师就共同的学科开展同台竞赛、创新课程项目，推进线下实践与教学工作的深度融合。对于教师层面，高校辅导员和思政课教师应加强对自身综合素质的提高，从而更好地教育、引导学生。

2. 加强教育基地平台建设

教育基地是将理论课教学和实践教学相结合的平台。有效利用教育基地的平台将爱国主义教育基地、历史纪念馆、博物馆、代表性企业等当地资源与高校相结合，能够有效促进高校辅导员、思政课教师和大学生的实践交流互动。教育基地是辅导员和思政课教师协同育人的最佳实践基地，因此高校应加强校内外合作，充分利用校内外的资源，充实和丰富高校辅导员和思政课教师的教育教学内容和形式。辅导员组织学生参观爱国主义教育基地，思政课教师根据自己的理论基础知识进行讲解，协同教学，学生在观看历史遗迹的基础上，更能有效地理解课堂理论课知识。将书本里的知识和实践平台相结合，也能增进高校辅导员和思政课教师的交流合作，促进协同育人工作的开展。高校还应组织高校辅导员和思政课教师参与相关教育类培训，进一步促进二者在科研上、教学上、思政上实现德育互融，提高二者协同育人的广度和深度。另外，高校应从整体出发，为育人创造集体协同的场景，构建好相关育人实践平台。高校辅导员可以和学生进行组合，组成一些兴趣类社团；思政课教师也可以和学生进行组合，组成相关的社会实践团体，真正参与到线下活动中。在相互融合的过程中，高校辅导员和思政课教师能够增强对彼此身份的认同感，互相提供一些经验和方法。

总而言之，高校辅导员和思政课教师协同育人，是高校育人工作中的重要内容。在协同育人的过程中，高校辅导员和思政课教师必须充分发挥各自的优势和作用，通过多种途径实现有效协同，为学生的全面发展和成长提供坚实保障。

（三）协同育人的实践路径

1. 课程设置协同

高校辅导员和思政课教师可以协同设置课程，共同设计开展大学生思想政治教育与心理健康教育的课程。例如，可以将思政与心理健康课程相结合，通过心理健康教育促进学生的情感健康，同时融入思想政治教育元素，帮助学生提高思想理论修养。

2. 主题活动协同

高校辅导员和思政课教师可以共同开展主题活动，如“我为祖国点赞”主题活动、拓展活动、爱国主义教育活动等，通过活动的形式促进学生综合素质的提升。

3. 领导班子协同

高校辅导员和思政课教师可以履行自己的职责，响应学校党委的要求，积极参与开展班级思想政治教育工作，在班级中建立团队，推进思想政治教育工作的开展。

4. 创新课堂协同

高校辅导员和思政课教师可以在教学中进行创新实践、互相借鉴、互相督促，通过课堂教学、课堂讲座和微课堂等多种途径实现协同育人。

高校辅导员和思政课教师协同育人，可以整合和优化育人资源，进一步提高育人质量和效果，使学生全面成长；高校辅导员和思政课教师协同育人，可以互相借鉴、共同成长，提升自身的育人能力；高校辅导员和思政课教师协同育人，能够拓宽自身的育人视野，真正做到“精神与身体”共同育人，促进学生的全面发展。

二、高校辅导员思想政治教育能力提升路径

高校辅导员思想政治教育能力提升是一个长期且复杂的过程，需要从以下四个方面入手。

（一）提升辅导员队伍对思想政治教育能力的认知

1. 加强政治信仰

政治信仰体现的是一种政治理性和政治安慰，是确保政治稳定与发展的核心所在。社会中有着各种信仰，其中政治信仰与社会的整合程度密切相关。

高校的育人目标和思想政治教育的政治属性决定了高校辅导员作为思想政治教育工作者的重要力量，高校辅导员政治立场一定要强、要坚定。高校辅导员一方面引导和帮助大学生学习马克思主义基本理论，使其树立正确的政治方向，具有马克思主义立场，另一方面还要持续强化其政治自信和认同感。因此，辅导员一定要将政治性置于首位。所以“政治要强”是辅导员真正将自身工作职责落实到位的根本性要求。

2. 理解家国情怀

高校应以家国情怀强化辅导员队伍意识教育。在辅导员的教育培训体系中，高校可以依托一些重大的纪念日、民族传统节日开展专题讲座等，以历史人物和事件为媒介，增强辅导员对家国的自豪感；结合社会中的焦点事件，举办主题宣讲，使辅导员关注国家、聚焦时事，使他们能够在思想政治教育过程中，将这些民族认同感演化并作用于学生教育实践进程中。在世界经济一体化持续加深的背景下，高校要想加强辅导员的家国情怀，不仅要做好基础的理论教育工作，还要放眼世界，立足于当今的国际形势，把热爱祖国、铭记历史和展望未来的观念深深融入高校辅导员的日常工作中。

（二）加强辅导员队伍教育内容创新

思想政治教育内容必须符合时代发展趋势、紧密结合社会时事，而且要深入校园环境、密切联系学生生活。思想政治教育内容既要包括中华民族和中国人民丰富的实践成果，也应涵盖实践中形成的理论；既要注重培养学生正确的思维，也应注重锻炼学生深入实际的能力。

思想政治教育内容需要紧密结合我国社会发展的客观实际，以当代为基点，追溯历史，放眼未来。在中华民族五千余年的历史进程中形成了博大精深的中华优秀传统文化、革命文化、社会主义先进文化，这些都是既有深度又有广度的思想政治教育资源，应当成为大学生思想政治教育的内容。社会主义核心价值观与中华传统文化有着很深的渊源，传统文化中凝练而出的民族精神和中华传统美德涉及大学生思想品德形成的方方面面。辅导要把这些作为思想政治教育的重要内容，并不断探求二者的最佳结合点和实现路径，引导学生树立社会主义核心价值观，厚植爱国主义精神。辅导员也应在思想政治教育过程中积极传播革命文化与社会主义先进文化，让学生了解中国共产党及中华人民共和国抗争奋斗的历史进程，让学生把握当下，明确自身在新时代背景下所担负的使命和责任，树立为中华民族伟大复兴不懈奋斗的信念。

思想政治教育内容要源于现实生活，贴近现实生活的教育内容更生动，更能改变人对社会、人生的现实看法和人的现实行为，更容易取得实际效果。大学生长期在特定的环境里生活、学习，他们的思想状况自然而然受到其所处的环境的影响，因此，辅导员要充分利用学校环境中的积极因素开展大学生思想政治教育工作，也要及时消解社会上某些言论和事件对学生思想带来的负面影响。辅导员还要放宽视野把思想政治教育融入校园生活中，在学校开展的各项活动中挖掘教育资源，在活动中将道理和价值引领与生动宣讲相结合，既突出“理”，又彰显出“情”。同时，在进行思想政治教育工作时，应注重对当下的社会热点问题进行剖析，引导学生形成正确的价值观，使其理性地看待问题。

（三）加强教育环境的优化

教育环境的优化要从以提高辅导员思想政治教育能力为目的的角度出发，进行心理教育情境创设和制度文化环境建设。

1. 心理教育情境创设

要想做好高校思想政治教育工作，心理教育情境的创设至关重要。思想政治教育心理情境的创设，应当以思想政治教育的人文性为基础，注重其人文性的发展特点；可以使人们逐渐重视体验性情境活动的开展。将思想政治教育内容融合、寄托于具体情境中，能有效提高思想政治教育的亲和力，实现教育双方和谐、融洽发展。在心理教育情境创设过程中，辅导员需要借鉴情境教育和体验教育的相关知识，依据教育客体的心理发展规律，引导学生产生愉悦的体验。而不像传统思想政治教育那样只单向传授理论，忽视了学生道德和情感的体验。辅导员如果想让学生在情绪感知方面产生共鸣，可以合理将审美情境应用于思想政治教育活动中。在具体心理教育情境的创设过程中，不仅会增强学生对思想政治教育活动的接受度，辅导员自身的思想政治教育能力也会得到非常大的提高。

2. 制度文化环境建设

制度文化环境建设对促进辅导员思想政治教育能力的提升也能起到推动作用。制度文化环境建设属于隐性外因。加强制度文化环境建设，首要条件是遵循社会主义核心价值观。社会主义核心价值体系渗透在高校的文化环境发展中，高校精神文化的提升离不开社会主义核心价值体系的引领，基于此创建的高校制度文化环境，其内容更加丰富。对党的先进理论、制度、思想的贯彻可以有效提升高校思想政治教育工作的实效性，提升学生的责任意识，唤起学生的民族担当，使学生树立正确的个人价值追求，进而具体指导学生的实践与行为活动。

高校思想政治教育的文化环境的优质与否建立于校园各类人群营造的思想政治教育文化环境的基础上。因此高校应切实考量参与高校思想政治教育文化管理相关人员的实际需求，覆盖人群应涵盖授课教师、全体学生、职能部门、后勤辅助人员等。高校还应在学生的日常生活和工作学习等方面规划实施相应制度，分析对应学生的个体状态，从学生出发带动高校制度文化环境的整体发展。另外，高校应当保证制度体系的建立符合当下高校环境，灵活运用制度规则。对于陈旧落后的制度要及时摒弃，为高校各类群体的实际需要及时制定符合时代要求和学校健康发展需要的规范、系统的制度与文化。

（四）优化高校辅导员的工作状态

1. 促进辅导员专业化

为了实现在职辅导员的专业化发展，高校应当积极组织和开展高校辅导员培训。要加强上岗培训和专业培训，将人员任用与培养培训相结合。高校在组织辅导员培训工作时，要注意考虑辅导员的不同职业发展阶段以及素质与能力水平差异。辅导员在工作中面临的困难并不相同，因此，辅导员的在职培训应当遵循分级分类的原则，在了解在职辅导员专业分布和工作难点的基础上，开展有针对性、强制性和可选择性的培训。同时，辅导员要充分自主发展，不断完善自身的素质与能力结构。经验丰富的辅导员和思想观念先进的年轻辅导员要主动学习对方的个性特质中有利于思想政治教育的成分，参考借鉴对方的思想政治教育工作经验，不断提高自身工作水平。为了保障高校辅导员培训的制度化和常态化，高校要建构和完善培训的社会支持体系，各省、市高校可以联合组织和建立辅导员业内协会，以协会为平台，通过高校内部选拔或外部招聘的方式，组建一个专家型辅导员团队，着重培养新晋辅导员以及处于瓶颈期的辅导员。

2. 加强辅导员队伍建设

辅导员自身的思想政治素质状况和辅导员队伍结构都会影响辅导员队伍的思想政治教育水平。因此，要想改善辅导员思想政治教育水平不高的状况，必须增强辅导员个人的思想政治素质，优化辅导员队伍的人员构成。辅导员要以《普通高等学校辅导员队伍建设规定》提出的任职要求为目标，努力实现个人思想政治素质的再发展；辅导员要强化自身的政治意识，立足党和国家事业，明确“立德树人”的根本任务；辅导员要用马克思主义和习近平新时代中国特色社会主义思想武装头脑，在理论知识的指导下明确工作思路、落实工作举措，在理论和实践相结合中不断提高自身解决问题的能力；辅导员要认真对待各项思想政治活动，在开展思想政治教育时加入自己的思考，在思想政治教育中融入感情，对学生产生潜移默化的影响，并在这个过程中不断审视自己的价值观和言行；辅导员要熟悉思想政治教育工作的相关理论，并主动学习哲学、心理学、社会学等方面的综合知识，构建并不断完善自身的知识结构。优化辅导员队伍的构成，也是提高辅导员思想政治教育水平的一个有效方式。高校要提高对辅导员学历的要求，提高研究生学历人员在辅导员队伍中的比例；要优化辅导员队伍的年龄结构，为一些不再适合担任辅导员岗位的教师提供转岗的机会；要按照一定的性别比例合理配置辅导员，实现辅导员之间思想政治素质的优势互补；要改善辅导员队伍的专业结构，适当吸收本专业或相关专业的人才担任辅导员一职，避免辅导员与学生之间的交流因专业不一致而出现代沟，通过与学生的谈心谈话等途径把思想政治教育工作做进学生的心坎；要归位学生管理，为辅导员队伍注入新的人员要素，构建专兼职结合的辅导员队伍。

第三节　高校辅导员思想政治建设的发展方向

一、高校辅导员思想政治建设协同育人的发展方向

高校思想政治教育主体类型多样，但辅导员与思政课教师无论是现在还是将来对其发挥着不可替代的作用。在中国特色社会主义新发展阶段，不仅要重视育人工作有人干这个基本问题，还要重视育人工作专人干这个关键问题。做好高校思想政治教育需要多方发力，辅导员与思政教师的协同发力是重要的一方面。

（一）健全工作机制，是夯实协同育人的基础

要想使高校辅导员思想政治教育队伍协同育人工作高效运行，健全工作机制是关键。因此，高校应健全考核评价机制、健全奖惩激励机制、完善条件保障机制，加强对育人队伍、育人主体的监督管理，激励育人队伍的工作积极性，夯实协同育人基础保障。

1. 健全考核评价机制

目前各高校对专职辅导员的考核制度是比较完善的，有明确的考核指标体系，量化综合考评与多方主体评价相结合。但未考虑到高校辅导员思想政治教育队伍协同育人工作的情况，未将辅导员与其他育人主体协同育人工作纳入考核。而对

于兼职辅导员、班主任、学业导师等育人主体，教育部没有相关考核原则及规定，各高校的考核制度有待完善，缺乏完备的考评机制。创新和健全高校辅导员思想政治教育队伍协同育人方式中各队伍的考评机制，加强学校对育人队伍的监管，是有效驱动高校辅导员思想政治教育队伍协同育人长效运行的必经之路。

2. 健全奖惩激励机制

人们的激励因素得到满足时能够激起人们的工作积极性，而保健因素只能消除人们的不满，不足以激发人们的工作积极性以及提高人们的满意度。因此，高校在开展高校辅导员思想政治教育队伍协同育人工作时，应做到以下几点：其一，要满足辅导员与其他育人主体的保健因素，让高校辅导员思想政治教育队伍协同育人主体不会对工作产生不良情绪；其二，满足育人主体的激励因素，将工作成效作为辅导员等各育人主体的晋升发展、评职评优依据，激发高校辅导员思想政治教育队伍协同育人主体的工作积极性。

3. 完善条件保障机制

高校辅导员思想政治教育队伍协同育人的条件保障主要有人力、平台、经济三方面。高校应完善协同育人主体的选聘制度，明确各育人主体的要求与职责，同时加强宣传培训、严格选拔程序，帮助各育人主体做好角色认知，从而推进高校辅导员思想政治教育队伍协同育人工作的队伍建设。犹如古人云：“人材者，求之则愈出，置之则愈匮。”告诫我们要重视人才、珍惜人才。

（二）促进大学生成长成才是协同育人的迫切要求

青年兴则国家兴，青年强则国家强。要想使青年兴和强，必须促进青年一代健康成长，全面成才。青年对国家的发展来说犹如人之臂膀，党中央高度重视青年人才的培养，习近平总书记多次论述青年成长成才的问题，为立于中国特色社会主义新发展阶段的广大青年成长成才指明了方向。大学生作为青年的主体部分，更应该朝着成长成才的方向发展，按照习近平总书记关于青年成长成才重要讲话的指引，脚踏实地地走好人生每一步。要想实现大学生成长成才的目标，关键在教师，需要辅导员与思政课教师两者之间相互合作、整合力量、协调共谋，以学生的成长需求、成才诉求为基本准则，共同育人，实现辅导员与思政课教师同向同行。

1. 有利于强化大学生成长成才的历史使命

大学生承担着时代责任和历史使命，是一个国家最为宝贵的财富，对推进社会发展具有至关重要的作用。新时代的大学生思想活跃、求知欲强、视野宽广，是值得寄予厚望的一代。对于党和人民对大学生的信任和厚望，思政课教师应通过课堂教学传递给学生，使大学生将使命担当内化于心，而辅导员应通过组织大学生实践活动，促使大学生将使命担当外化于行。辅导员与思政课教师在教育教学和管理中相互配合，能够提高大学生的社会适应能力，引导学生抵制西方错误思潮，从而树立坚定的理想信念。辅导员与思政课教师通过协同育人的方式，对学生实现价值引领，使广大学生明白要想实现中华民族伟大复兴，就必须持续学习、不断奋斗，锤炼本领。可见，强化大学生的历史使命感，亟须辅导员与思政课教师协同努力。

2. 有利于涵养大学生成长成才的价值观

在信息化、开放化的时代，社会主义核心价值观是“指南针”，发挥着重要作用，规定着大学生成长成才方向，指引学生朝向可堪大任、勇于担当的方向前进。大学生正处于价值观形成和确立的关键期，他们热情大方、果敢、勇于担当，然而在面临着多样化的价值选择时，又囿于自身学识和社会阅历，受到不良思想的影响和误导后，思想容易出现偏差，从而陷入迷茫和困惑。高校辅导员与思政课教师负有引导和指引大学生树立正确的价值观的责任和义务，是思想政治教育工作的关键力量，理应及时为学生释疑答惑。在现实生活中，如果辅导员或者思政课教师单独去引导学生的思想和行为，则不利于辅导员将自己掌握的情况分享给思政课教师，也不利于思政课教师将自己观察到的现象分享给辅导员，更不利于相互交流工作经验，提升工作效率。因此，当前迫切需要完成的任务是高校辅导员与思政课教师积极用社会主义核心价值观涵养大学生成长成才的价值观，引导当代大学生迈好人生的第一步。

（三）推动辅导员与思政课教师发展是协同育人的内在需求

第一，提升辅导员理论素养的内在需求。辅导员长期直面学生，处于高校思想政治教育工作最前沿，极易掌握丰富而良好的实践经验，但在理论学习和钻研层面往往浅尝辄止，尚待提高。高校招聘辅导员时侧重点不是其所修专业，而是侧重在校期间是否有过担任学生干部的经历，因为一旦成为学生干部，其组织能力、业务技能、危机干预能力、管理能力都会得到飞速提升，而这些也恰恰是辅导员所应具备的最基本的条件。招聘辅导员时虽然要求马克思主义理论或思想政治教育专业优先，但是如果表现非常优秀，条件可以放的宽松一些。

现在高校招聘辅导员的侧重点除了以前要求的学生干部经历外，对所修专业要求也在提升。由此可见，相比于思政课教师队伍，辅导员队伍的专业多元化及整体思想政治理论水平有待提高。而思政课教师普遍是硕士或博士学位，主修马克思主义理论专业，其理论水平、科研能力和教学技能要胜一筹。

第二，提升思政课教师教学效果的内在要求。当前，多专业背景混合的大班授课模式是高校思想政治理论课普遍采用的方式，思政课教师承担思想政治理论课教学的任务，通过课堂授课使学生掌握丰富的马克思主义理论知识，增强学生的志气、骨气和底气。但高校思政课教师队伍在繁忙的课程和科研压力下，忙于充实理论知识，进行学术研究、科研活动以及组织学生讲座和比赛等，平时除了在课堂上与学生接触外，少有其他时间与学生进行更多、更深层次的交流，导致公共课教师对学生了解情况不深、不多、不全。辅导员队伍的工作涉及学生学习、生活、文娱等方方面面，能够多角度地接触学生，全方位地了解学生，从而获得关于学生心理动态和思想情况的一手资料，如果能与思政课教师共享这些资源，那么思政课教师将会掌握学生的思想实际和根本诉求，增强课堂教学的针对性。思政课教师将会依据所了解到的学生普遍关注的难点和热点话题展开教学，这不仅能够增强教学的感染力、吸引力、针对性和实效性，而且对课题研究也大有裨益，能够充实课题研究的素材。

二、高校辅导员职业化的发展方向

新时代的到来，科技的大发展，都对高校辅导员工作提出了新要求。在高校辅导员的角色定位上，逐渐由教育与管理向教育、管理、服务等多重角色转变；在工作模式上，由兼职向专职过渡；在工作性质上，由学生的思想引路人逐渐向学生全面发展的指导者和人生导师转变；在工作内容上，由政治工作转向融思想教育、学习生活和成长成才等内容为一体的现代教育活动。因此，基于新时代的全新要求，高校辅导员职业化，可以充实辅导员的专业知识，使其提升自我管理能力和职业能力，提高工作效率和质量，从而进一步认清高校辅导员这个职业的价值与意义，有效地增强职业信念和职业认同感，使高校辅导员更加主动地投入自身工作中，实现个人的价值。高校辅导员职业化，还可以使高校辅导员将理论应用于实践，在实践中对自身与工作产生新的认识，从这种认识到实践、感性认识再到理性认识的过程，可以使高校辅导员从普通理论工作者向专业化、职业化转变，使辅导员自身获得广大同学们的认可和尊重，有助于高校辅导员自身的可持续发展。

（一）加快职业化发展进程

1. 提高学生在思想政治教育中的主体地位

过去的思想政治教育多是由辅导员结合课程教学活动进行的，具有较强的教育主导性，而学生的学习过程则体现为被动接受。在被动学习的过程中，学生的意识并未有效调动，“灌输式”教育也会因效率不佳而“溢出”过剩的知识，难以实现思想政治教育的有效性。在新媒体技术的快速发展下，与以往传统媒介相比，新媒体的信息传输更具双向性，有着较高的交互性优势，能够对学生的学习方式进行改良。在有效的交互式学习过程中，高校学生具有更好的主体性，能够运用新媒体展开思政知识的系统化学习，从而推进高校思想政治教育工作。

2. 强化思想政治教育实效性

高校辅导员在对学生展开思想政治教育的过程中，可充分利用网络资源，同时结合新媒体多种呈现方式，给学生提供更多的思想政治教育资源，如视频影像、时政新闻、社会时事等。这样既能够增强学生对思想政治教育的认识与理解，亦能够培养并锻炼学生的思辨意识及批判性思维，使其更好地结合所学进行思想价值的判断。此外，新媒体信息传播形式是以网络媒介实现的，传播的效率非常高，学生能够更为快速、及时地获取信息，从而打破了传统形式下时间及空间的限制，使思想政治教育工作更有灵活性。同时，辅导员亦能够借助新媒体及时获取并发掘与学生思想政治教育契合的教学元素，并通过新媒体增强对学生思想问题的了解，从而促使辅导员工作更有实效性。

（二）坚持社会主义办学方向

教育不论发展到哪一阶段、发展到哪种程度都不会改变其鲜明的政治属性，我国是社会主义国家，教育要为国家服务，坚持社会主义办学方向，是我国教育发展的基本立场。培养符合社会主义事业发展的合格建设者和可靠接班人是教育发展的根本目标。因此高校要坚持社会主义办学方向。

1. 坚持党的教育方针

坚持党的教育方针就是坚持社会主义办学方向，党的教育方针是指南针，指引高校思想政治教育工作的方向和道路，我们要坚持党的教育方针，把大学生培养成国家需要的人。

党的教育方针体现了教育基本政策的总括，是党的理论和路线方针政策在教育领域的集中体现。它在教育事业发展中具有根本性地位和作用，确定教育事业发展方向，指导整个教育事业发展的战略原则和行动纲领。党的教育方针在不同时期的文件、法规中的表述不同。梳理和分析党的教育方针历经的几次演变，发现不论其如何演变发展其主题始终围绕“为人民服务、为社会主义建设服务”这一理念，这是我们党多年积累的宝贵经验之一。辅导员应坚持党的教育方针、坚持“立德树人”根本任务，促进党的教育方针落地生根，对社会主义建设者和接班人的培养负有重要历史使命。

2. 坚持扎根中国大地

俗语说到什么山唱什么歌。不同国家面临的教育条件、历史传统、文化基础和现实土壤均不相同，决定其学校教育必然拥有不同的内在逻辑和内生规律。我国既拥有自身的优秀传统文化，也拥有独特的革命文化和社会主义先进文化，这决定了我国高等教育不同于国外高等教育，我国必须进行中国特色教育。扎根中国大地办教育表明我们党随着对教育规律性认识的加深，必然能够指引我国高等教育事业健康而快速发展，能够始终坚持一切从实际出发，既推陈出新又不忽视根本，既借鉴他国先进经验又不生搬硬套。扎根中国大地办教育放在首位的必须是坚持正确的政治方向。扎根中国大地办教育还必须坚持中国特色，一切从我国具体实际出发，符合我国国情。扎根中国大地办教育还必须要处理好中国教育现实问题。

（三）落实“立德树人”根本任务

实现高校辅导员队伍职业化，是落实“立德树人”的重要举措和重要保障。

1.“立德树人”是高校立身之本

“立德”是“树人”的前提，“树人”是“立德”的目的，高校立身之本在于“立德树人”，抓住了“立德树人”就是抓住了教育最本质、最核心的问题，习近平总书记多次强调“立德树人”，“立德树人”是对教育的根本问题做出的最简洁、最明了的回答。

高校是培养国家栋梁之材的地方，要真正成为国家的栋梁之材则必须是德才兼备的高素质人才，人才培养始终是大学的中心任务。必须将“立德树人”作为高校的立身之本，教育教学各项工作都要围绕“立德树人”进行。辅导员是从事思想政治教育工作的主体力量，思想政治教育、学生日常管理、就业指导、心理健康以及学生党团建设等做的主要是立德的工作，有责任和义务培养学生树立正确的三观。

2.“立德树人”是高校的关键环节

高校承担着立德树人的根本任务，党的十八大以来，习近平总书记在高校考察时，围绕落实立德树人根本任务发表系列重要讲话，强调 “要把立德树人内化到大学建设和管理各领域、各方面、各环节”。这为高校全部教育活动指明了方向，是高校各项工作的根本遵循。高校要将此作为行动指南和中心环节，并体现在思想政治教育全过程中、贯穿于高校教育教学全过程中。作为“立德”主体力量的辅导员是落实根本任务的直接执行者，其育人能力的高低体现了高校思想政治教育工作加强和改进的程度，因此高校铸魂育人工作任务的完成离不开高校辅导员队伍的职业化。

三、高校辅导员思想政治教育“双重身份”的发展方向

（一）管理干部方向

辅导员自身所特有的干部身份确立了高校辅导员可以向管理岗位发展。对一个合格的辅导员来讲，由于长期走在学生管理工作的前端，必须具备综合素养，在辅导员岗位上工作多年后，向其他管理岗位进行过渡时一般都是非常称职和有力的。为了更好地筛选、培养有望发展到管理岗位的辅导员，高校需要从多个方面对现有的干部选拔制度进行完善，将专业技能过硬和表现优秀的辅导员的职业发展与学校干部的选拔任用挂钩。特别是高校在制定部门干部选拔任用措施时，可以适当提高对一线辅导员的重视程度。在选拔党群干部时，应特别注意候选人的专职辅导员经历。为发现合适的人才、选拔合适的干部，高校应采取规范化、标准化的岗位考核规则，在干部考核过程中，必须全面结合“德、能、勤、绩、廉”五个方面，将辅导员的任职表现作为后备干部的主要考核方向。此外，辅导员在进入后备干部队伍后，要注重相互之间的工作交流和借调锻炼，从而更好地培养锻炼自身，使得自身能够在今后新的管理岗位上更好地展示自己的综合职业水平。

教育部所颁布的相关文件中指出，要把培养专职辅导员作为培养和选拔党政后备干部的关键途径，根据学校的相关安排和实际工作需要，将专职辅导员选派到校内相对应的管理岗位上。这说明学校党委要及时发现工作优秀、表现突出的辅导员，对其进行提拔重用，尽快地安排他们担任管理职务，为他们的发展提供更广阔的平台，同时还能够辅助高校发展新鲜力量。

（二）专任教师方向

辅导员还具备一定的教学身份，这也就决定了高校辅导员还可以作为高校的

任课教师。对于那些愿意献身于自己所学专业的辅导员，高校可以允许他们回归自己的专业，并在参与工作后在教学和科研中担任全职教师，并根据他们自己的意愿，在特定的年限内担任辅导员。这也有助于解决一些大学全职教师短缺的问题，提高了辅导员的流动性，并且为对专业教学感兴趣的辅导员创造了机会，在某种程度上促进和提高了辅导员的工作热情。此外，政府和社会对辅导员“双重身份”的定义，明确规定辅导员也具备教师身份，这也就决定了部分辅导员在未来的工作生涯中可以根据自身意愿成为全职教师。

1. 思想政治教育辅导员

辅导员在多年的思政学习中也积累了不少实践经验。如果想在未来成为全职教师，在业余时间，辅导员可以进行一些科学研究活动，将意识形态工作、学生工作和大学生思想政治教育工作结合起来，不断总结针对学生工作的经验，完善针对学生工作的策略和形式，为自身将来从事教学工作打下基础。现阶段的实际发展中，辅导员开展学术研究的服务平台的数量不足。高校设立的学生管理部门应努力为辅导员提供相应的条件，构建多元化的科研服务平台，促进辅导员从“实践”向“研究实践”成功转型。

2. 非思想政治教育辅导员

绝大部分辅导员的专业是政治辅导员，而非意识形态辅导员，他们中的许多人留在学校担任辅导员。这一总体方向是非常明确的，即在担任辅导员多年后，被调到教学和科学研究岗位。可以理解的是，这种情况在中国的许多学院和大学中仍然普遍。结合辅导员的专业性质，学校可以将部分教学任务委托给愿意承担教学任务的辅导员，这能够为辅导员朝着教学方向发展打下基础。学生工作是教学工作中的重要一环。辅导员是学生工作的主要力量。一个稳定的专业辅导员团队，对于高校的“培训谁”和“为谁”具有关键指导性作用。综合来看，中国的高校辅导员在现阶段的发展中，面临着一些限制自身健康发展的问题，这些问题需要尽快解决。辅导员的工作性质决定了他们很难有充分的时间去搞学术研究，在申请与全职任课教师同等级别的专业职称时，存在较为明显的劣势，这也决定了辅导员的专业职称评定途径具有较高的挑战性，晋升的机会较为有限。基于该项工作的特殊性，高校可以对辅导员的职业资格引入单独的评价标准，这对于提高高校专职辅导员队伍的稳定性，促进辅导员的专业化发展具有重要的现实意义。

四、高校辅导员思想政治建设“三全育人”的发展方向

（一）把握新理念

“三全育人”是落实“立德树人”根本任务的有效途径。高校要实现“立德树人”的目标，强调大学生的全面发展，这与“三全育人”所强调的全员育人、全程育人、全方位育人相似相通。在此条件下，开展“三全育人”工作要求高校辅导员首先从更新的理念入手。

1. 坚定理想信念，凸显政治底色

思想政治工作是意识形态工作，为国育才、为党育人是辅导员队伍工作的根本要求，这就要求辅导员队伍的建设发展首先要将政治素质摆在首位。有理想信念，对辅导员队伍的建设发展来说，便是要求辅导员要将坚定的政治信仰作为基础，在提升自身的政治担当的同时，提高自身的政治站位，全面把握好正确的政治方向。高校要建设一支能站在政治高度上看问题、解决问题的辅导员队伍，使辅导员在高校育人的过程中讲好政治话语，做国家大政方针的传播者、解说者、践行者，这样才能将高校意识形态工作做得更全面、更到位，这才是高校发展建设辅导员队伍的应有之义。

2. 提升道德观念，强调师德师风

高校要想建设一支以德施教、立德树人的高校辅导员队伍，需要把握好师德师风建设的相关要求。新时代赋予高校教育新的历史使命，全面把握辅导员队伍建设新理念需明确辅导员队伍塑造和引领时代新人的艰巨任务，在这个过程中，辅导员要想育人，首先要明白如何“立德”以及“立”怎样的“德”，要跟上时代的变化。辅导员对外遵循一定的行为规范，对内也具有稳定优秀的内在品质，身正为范、为人师表的教育者才能亲近学生，才有一定的资格在学生中间进行育人工作。辅导员作为落实“立德树人”的重心和关键，其关于学生的工作涉及课堂内外、校园内外以及网络等方方面面，要想在此过程中将育人工作落到实处，必须把师德师风建设摆在重要位置，提升辅导员队伍的道德情操，努力让队伍人员的工作“回归常识、回归本分、回归初心、回归梦想”。

（二）把握新定位

1. 做全员中的先锋力量

在高校校园中，从学生入学到毕业，辅导员的陪伴、管理和引导贯穿整个过

程，从学习到生活，由校内到校外，辅导员的育人工作需要全面把握学生生活学习的方方面面。

一方面，高校辅导员队伍不同于专业课教师队伍或者其他政工队伍，他们与学生的联系最密切，跟学生的接触最频繁，对学生的思想状态最了解，是学校和学生之间的纽带和桥梁，这一纽带和桥梁是辅导员的重要角色，他们是大学生思想政治教育与学校管理制度的直接实施者，他们通过班级活动和各种教育活动实施思想引领。

另一方面，无论是在学生学习过程中，还是在班级日常事务管理中，发挥高校辅导员队伍的育人功能都是重中之重，这就强调将辅导员队伍的政治性摆在首要位置。高校要想解决“为谁培养人，培养什么样的人”的问题，思想政治引领始终是第一位的。辅导员队伍工作的政治性和直接性都明确了其是全员中不可替代的先锋力量。当前思想政治教育功能已经渗透到辅导员工作的各个环节中，高校更进一步地强调辅导员队伍一线工作地位，任何情况下都丝毫不能削弱辅导员的思想政治教育职能，稳固并强化辅导员队伍一线工作地位是高校辅导员队伍建设的先决条件。

2. 做全过程中的关键力量

高校辅导员队伍是高校思政工作大系统建设中的关键力量，起着“承重墙”的作用。高校辅导员队伍是班级建设的主要带头人、班级管理的直接责任人和思政育人的首要执行者，兼有桥梁纽带、穿针引线的作用。辅导员队伍的日常工作始终围绕学生和服务学生，协调性地将许多教育资源运用到大学生学习生活的全过程中。“三全育人”视域下，高校辅导员队伍已然成为将育人工作落到实处的关键。不同于校内其他教辅人员，辅导员作为学生的身边人，在学生在校生活的全过程中都要因时而变地实施育人工作。辅导员在工作过程中应始终利用自身的优势地位，不断地提高自身的工作能力，从而促进教育者和被教育者的良性互动，将育人功能发挥到实处。

（三）把握新思路

1. 系统建设，注重完善机制

在“三全育人”工作新格局下，辅导员队伍建设要强调系统性，要将个人发展与队伍发展相结合，疏通工作管道，上下同步，注重完善辅导员队伍建设相关机制。高校要想建设一支优秀的辅导员团队，必须以高校系统性原则为基础，健全相关的工作制度，完善相关的工作机制，更加细化具体选聘入职机制与工作发展机制。要想实现“三全育人”，就要明白高校内的育人工作并不是各部门简单地完成各自的工作，也不是简单的各个部门与辅导员队伍的合作关系，而是各部门自身的工作与辅导员队伍的育人工作相结合、相配合，提高整个系统育人的有序性和整体效果。高校应继续完善辅导员与其他各部门人员联动的工作机制，从而实现辅导员队伍与校内各部门、各单位“1+1 ＞ 2”的育人效果。

2. 全面建设，把握点面结合

“三全育人”视域下，辅导员队伍的建设不仅仅要求数量结构等满足硬性要求，更重要的是要满足高质量要求，形成辅导员队伍更为科学全面的育人格局。高校需要从选聘入手，将高校专职辅导员与学生的 1 ∶ 200 配置比例落到实处，选拔有奉献精神、有育人意识、有优良品质、有专业能力的高质量的辅导员队伍人员，再将思想政治教育与价值引领贯彻到日常的班级建设、心理教育、网络思想政治教育以及就业指导等学生事务管理中，切实关注辅导员队伍的工作与发展去向，将辅导员未来的发展之路融入辅导员队伍科学的管理与考核中，以育人为现实导向，实现高校辅导员队伍不仅高质量地发展，而且可持续地发展。在高校内，思想政治教育工作的具体实践往往注重以简单思维去开展工作，会习惯追求某一个“点”上的工作成果，因此高校可以利用这一工作特点，连“点”成“线”，画“线”为“面”，既要有辅导员队伍建设的长期性规划，也要有针对辅导员队伍选聘、工作、管理与考核等多个方面的具体的实施办法，通过“点”的聚焦使辅导员队伍育人工作有更细化、更全面的拓展。只有这样，才能让辅导员队伍在“全员”“全程”“全方位”的育人工作中更好地借力和发力。

参考文献

[1] 大数据治国战略研究课题组.大数据领导干部读本[M].北京：人民出版社，2017.

[2] 肖文学，陈永华，王禹，等.课程化模式下高校辅导员的课程体系[M].沈阳：东北大学出版社，2018.

[3] 何小梅.高校辅导员工作方法实例解析[M].广州：中山大学出版社，2019.

[4] 李超民.新时代提升网络思想政治教育话语权研究[M].北京：人民出版社，2019.

[5] 徐姗姗.探究辅导员思想教育工作新思路[M].长春：吉林大学出版社，2019.

[6] 魏晓笛.高校思想政治教育与教学工作创新研究[M].北京：中央编译出版社，2019.

[7] 费萍.高校辅导员职业能力培养研究[M].重庆：西南师范大学出版社，2020.

[8] 夏吉莉.高校辅导员核心职业能力研究[M].昆明：云南大学出版社，2020.

[9] 郑晓娜.高校辅导员职业化研究[M].沈阳：辽宁大学出版社，2020.

[10] 蒲勇，何雨洋.大学生思想政治教育主渠道和主阵地融合路径研究[M].成都：四川大学出版社，2020.

[11] 姚上海.高校大学生思想政治教育创新案例研究[M].北京：光明日报出版社，2020.

[12] 张慧荣.大学生思想政治教育的理论与实践[M].长春：吉林大学出版社，2020.

[13] 池源.新时期高校辅导员职业化发展的创新研究[M].北京：冶金工业出版社，2020.

［14］沈光．新时代高校思想政治教育亲和力研究［M］．徐州：中国矿业大学出版社，2020.

［15］李昌锋．高校辅导员思想政治教育工作的守正与创新［M］．北京：北京理工大学出版社，2020.

［16］杜江，袁东升．高校辅导员工作分析及实效提升［M］．西安：西北工业大学出版社，2021.

［17］张伟．高校思想政治教育建设与辅导员工作研究［M］．延吉：延边大学出版社，2022.

［18］柏杨．改革开放以来高校辅导员队伍建设研究［M］．成都：西南交通大学出版社，2018.

［19］阿尔温·托夫勒，海蒂·托夫勒．创造一个新的文明：第三次浪潮的政治［M］．陈峰，译．上海：上海三联书店，1996.

［20］习近平．在北京大学师生座谈会上的讲话［M］．北京：人民出版社，2018.

［21］张骥，申文杰．马克思主义意识形态话语权在我国思想宣传领域面临的挑战与实现方式探究［J］．当代世界与社会主义，2011（1）：163–168.

［22］付安玲，张耀灿．大数据时代马克思主义理论教育的思维变革［J］．学术论坛，2016，39（10）：169-175.

［23］饶志雄，高虹琳．高校辅导员提升思想政治教育工作积极性的影响因素与提升路径［J］．湖北开放职业学院学报，2021，34（20）：119–121.

［24］董元元．网络时代高校辅导员思想政治教育工作策略研究［J］．决策探索（下），2021（9）：62–63.

［25］李朝阳．网络时代高校辅导员思想政治教育工作方法思考［J］．大陆桥视野，2021（9）：120–121.

［26］吴素红，陈庆宾．新时代高校辅导员队伍建设的现状与可行路径研究［J］．湖北开放职业学院学报，2022，35（7）：35–37，49.

［27］朱桃花，郑建锋，孔雅萌．高校辅导员建设现状及路径探究［J］．科技资讯，2019，17（28）：213–214.

［28］蒋君毅，任珂瑶．新时期高校辅导员队伍建设路径研究［J］．黑河学刊，2017（5）：22–23.

［29］陈宏建．论高校辅导员队伍建设的发展路径［J］．皖西学院学报，2010（6）：51-53.

[30] 曾中良．加强高校辅导员队伍建设 为思想政治教育提供组织保证［J］．思想教育研究，2007（10）：30–32.
[31] 屠丽妍．“互联网 +”时代高校辅导员思想政治教育工作创新［J］．民族高等教育研究，2022，10（6）：50–54.
[32] 李佳静，潘雁钦，陈伟鹏，等．新时代高校辅导员思想政治教育工作路径思考［J］．新课程教学（电子版），2022（21）：184–186.
[33] 唐雁．新时代高校辅导员思想政治教育工作有效性研究［J］．沈阳农业大学学报（社会科学版），2022，24（5）：589–593.
[34] 闫在航．提升高校辅导员思想政治教育工作实效策略探究［J］．国家通用语言文字教学与研究，2022（10）：50–52.
[35] 柳杨，原媛．微时代高校辅导员思想政治教育工作创新路径分析［J］．江汉石油职工大学学报，2022，35（4）：88–90.
[36] 郑洁．大学生思想政治教育与高校辅导员工作方法创新［J］．科教文汇（上旬刊），2020（19）：52–53.
[37] 谢海英，黎佳佳．新媒体视域下高校辅导员开展思想政治教育工作探究［J］．品位经典，2020（5）：68–69.
[38] 石泽英．新时代高校辅导员思想政治教育工作的应对策略研究［J］．邢台职业技术学院学报，2020，37（2）：30–32.
[39] 高伟．高校辅导员思想政治教育工作能力的维度解析［J］．北京教育（德育），2019（11）：94–96.
[40] 姜艳红．高校辅导员思想政治教育工作实效性不足的原因及对策［J］．轻纺工业与技术，2019，48（11）：109–110.
[41] 张骥，申文杰．马克思主义意识形态话语权在我国思想宣传领域面临的挑战与实现方式探究［J］．当代世界与社会主义，2011（1）：163–168.
[42] 邓新民．自媒体：新媒体发展的最新阶段及其特点［J］．探索，2006（2）：134–138.
[43] 中国互联网络信息中心．第 52 次《中国互联网络发展状况统计报告》[EB/OL].（2023-08-28）［2023-11-20］.https://www.cnnic.cn/n4/2023/0828/c88-10829.html.